culinária **JAPONESA**

culinária **JAPONESA**

Receitas especiais fáceis de fazer

EMI KAZUKO

PUBLIFOLHA

CULINÁRIA **JAPONESA**

Emi Kazuko

Para Dino e Amer, meus jovens amigos da Bósnia, com amor

Easy Japanese Cookbook foi publicado no Reino Unido e na Irlanda em 2008 pela Duncan Baird Publishers Ltd. 75-76, Wells Street, 6º andar, Londres W1T 30H.

COORDENAÇÃO DO PROJETO: PUBLIFOLHA
Editora-assistente: Paula Marconi de Lima
Coordenadora de produção gráfica: Soraia Pauli Scarpa
Produtora gráfica: Mariana Metidieri

PRODUÇÃO EDITORIAL: ESTÚDIO SABIÁ
Edição: Silvana Salerno
Tradução: Áurea Akemi Arata
Preparação de texto: Rosane Albert
Revisão: Célia Regina R. de Lima, Valéria Braga, Hebe Lucas
Editoração eletrônica: Nobreart

EDIÇÃO ORIGINAL: DUNCAN BAIRD PUBLISHERS
Gerente editorial: Grace Cheetham
Editores: Nicola Graimes e Alison Bolus
Gerente de arte: Suzanne Tuhrim
Diagramação: Luana Gobbo
Fotografia: William Lingwood
Produção fotográfica: Emi Kazuko (pratos e complementos), Atsuko Console (assistência à produção) e Helen Trent (complementos)

Agradecimentos da autora

Gostaria de agradecer a todos da Duncan Baird Publishers que se envolveram na produção deste livro, especialmente a Grace Cheetham e Suzanne Tuhrim pelo apoio, a Nicola Graimes e Alison Bolus pela edição primorosa e a Luana Gobbo pelo projeto gráfico deste lindo livro. Sinceros agradecimentos também a William Lingwood pelas belas fotografias dos meus pratos e à minha amiga de longa data Atsuko Console por me ajudar na produção fotográfica. Tenho uma dívida de gratidão com a minha colega escritora de livros culinários Sallie Morris, por ter me recomendado à editora, e com a minha sobrinha Yuko Kasai por sua disposição em me ajudar na pesquisa feita no Japão. Acima de tudo, devo muito aos meus falecidos pais, que me propiciaram uma boa base na vida e na alimentação. Obrigada.

Dados Internacionais de Catalogação na Publicação (CIP)
(Câmara Brasileira do Livro, SP, Brasil)

Kasuko, Emi
Culinária Japonesa : receitas especiais fáceis de fazer / Emi Kazuko ; [tradução Áurea Akemi Arata]. – São Paulo: Publifolha, 2010.

Título original: Easy japanese cookbook.
ISBN 978-85-7914-122-5

1. Culinária japonesa I. Título.

09-09568 CDD-641.50952

Índices para catálogo sistemático:
1. Cozinha japonesa : Receitas : Culinária 641.50952

A grafia deste livro segue as regras do **Novo Acordo Ortográfico da Língua Portuguesa**.

PUBLIFOLHA
Divisão de Publicações do Grupo Folha
Al. Barão de Limeira, 401, 6º andar
CEP 01202-900, São Paulo, SP
Tel.: (11) 3224-2186/ 2187/ 2197

Impresso na Imago, China.

SUMÁRIO

INTRODUÇÃO

O que distingue a culinária japonesa de outras cozinhas do mundo é sua extrema simplicidade. No Japão, é essencial apreciar e valorizar o sabor natural e a textura de produtos frescos, e a melhor forma de fazer isso é cozinhar os ingredientes de forma cuidadosa e simples, pelo menor tempo possível. Não se usam ervas nem condimentos fortes para não mascarar o sabor natural dos alimentos. Além disso, o detalhe meticuloso que os japoneses demonstram em várias áreas da vida está no cerne de sua filosofia. Isso pode ser observado tanto em uma pintura quanto na produção de *microchips* e fica igualmente evidente no estilo culinário, desde o preparo de um prato até a sua apresentação sofisticada.

A cozinha japonesa era o tesouro escondido na culinária mundial até que o sushi rompeu a casca e se tornou um fenômeno que varreu várias partes do mundo no início dos anos 90. Juntamente com a relevância internacional do Japão, houve uma expansão constante de restaurantes japoneses e lojas de produtos orientais nas maiores cidades ocidentais. A adoção do kaiten-zushi (sushi servido em esteiras rolantes) tornou o caro prato japonês mais acessível ao público. Finalmente, a última das cozinhas mais misteriosas do mundo foi revelada e agora o Ocidente descobriu que há muito mais na culinária japonesa do que o sushi e o tempurá.

O Japão é um país pequeno com uma população de cerca de 125 milhões de pessoas que se espalha por 16 graus de latitude – uma distância equivalente entre o norte da Escócia e o sul da França, e a produção local varia conforme a distribuição geográfica. De modo geral, é um país montanhoso com serras enormes que cortam o centro de norte a sul e cobrem cerca de 80 por cento da área. Os alimentos variam não apenas segundo a estação e a região, mas também de acordo com a altitude: das planícies que correm ao longo da costa às altas montanhas. O contraste entre as correntes frias e quentes torna o país uma das fontes mais ricas em peixe, e a abundância de frutos do mar varia de estação para estação e de região para região.

A religião também influenciou a história culinária do Japão. A partir do século 8, o budismo se disseminou no país. Os japoneses eram vegetarianos; alimentavam-se principalmente do que havia nos campos e nas montanhas e, de vez em quando, de peixes, sempre cozidos, dos rios, lagos e mares. Foi apenas depois da abertura do Japão ao Ocidente, no fim do século 19, que o povo passou a consumir carne.

Muita coisa – do budismo ao hashi (pauzinhos), incluindo a origem do sushi – foi influenciada pela China. Inúmeros ingredientes são comuns às duas cozinhas, mas o preparo é totalmente diferente. A culinária japonesa tende a se basear na água, sendo que uma refeição completa pode ser feita sem o uso de uma gota de óleo. Muitos pratos fritos e de carne deste livro são relativamente novos no Japão, inspirados pela culinária chinesa e de outros países.

Culinária Japonesa – Receitas especiais fáceis de fazer mostra como recriar esta seleção variada de pratos simples e autênticos: do clássico missoshiru aos rolinhos de sushi bem coloridos e revigorantes. Todas as receitas são ilustradas com belas fotografias e acompanhadas de instruções fáceis de seguir. Os cardápios sugerem ideias para todas as ocasiões, de um almoço rápido e leve a um suntuoso jantar formal. Os capítulos sobre os ingredientes, os utensílios e as técnicas fornecem informações práticas, ajudando a preparar receitas japonesas tradicionais e contemporâneas com facilidade e prazer.

PARTE 1

O BÁSICO

*A culinária japonesa é famosa pelos sabores **frescos** e sutis, pela meticulosa atenção ao detalhe e às cores e pela apresentação **criativa**. Também é surpreendentemente simples e fácil. Embora algumas **técnicas** sejam bem diferentes de outras cozinhas, logo você **descobrirá** que o preparo de pratos japoneses é agradável e **fascinante**. As receitas de base do capítulo inicial são o cerne da culinária e essenciais para a maioria das refeições. Por exemplo, uma refeição japonesa **autêntica** não estaria **completa** sem o arroz simples ou o de sushi, o dashi – o tempero básico – e os acompanhamentos **clássicos** do **delicado** missoshiru e das saborosas conservas japonesas.*

*Muitos ingredientes outrora **exóticos**, como o nori (alga seca) e o shitake, além dos temperos **essenciais** como o shoyu, o missô, o vinagre de arroz e o saquê, agora podem ser encontrados com maior facilidade nos **principais supermercados** e em lojas de produtos orientais das grandes cidades. Os produtos **indispensáveis** da culinária japonesa são apresentados nas páginas seguintes.*

*Na cozinha japonesa, o preparo é muito **importante**, por isso, as técnicas básicas estão explicadas passo a passo. Assim que **dominar** o básico, você estará a caminho do **sucesso** no preparo de pratos japoneses. É muito simples e fácil.*

INGREDIENTES

ABÓBORA JAPONESA OU CABOTIÁ

Originária da América Central, esta abóbora tem a casca verde-escura e grossa e a polpa alaranjada, maravilhosa. Por sua textura densa e sabor adocicado, é considerada por alguns como a melhor variedade dentre as abóboras. Encontra-se à venda em feiras e supermercados. A cabotiá pode ser fervida ou cozida no vapor, frita em tempurás ou fazer parte de um cozido com outros ingredientes. Sirva as sementes secas como aperitivo; são deliciosas e saudáveis.

ACELGA (HAKUSAI)

O hakusai ("folha branca") é a nossa acelga, cujo cultivo foi introduzido no Brasil pelos imigrantes japoneses. A conserva de acelga (*veja p. 29*) é um dos pratos mais populares servidos para acompanhar o arroz simples no café da manhã. A acelga também é usada em refogados, cozidos ou em pratos a vapor, podendo ser consumida crua em saladas.

AMEIXA SECA EM CONSERVA (UMEBOSHI)

Umeboshi ("ameixa seca") é a conserva feita com uma ameixa japonesa especial desidratada ao sol e depois salgada. Costuma ser servida com arroz, no café da manhã. Apesar de ser muito salgada, é considerada um tônico que auxilia a digestão e mantém o trato intestinal limpo. É comum fazer a conserva de umeboshi com as folhas de shissô (azedinha japonesa) para acentuar o sabor e lhe dar um colorido vermelho especial. É fácil de encontrar em lojas de produtos orientais e de produtos naturais.

ARROZ (KOMÊ)

O komê, também chamado de okomê, é o alimento de base mais importante para os japoneses. O grão sagrado é tão importante que a palavra para o arroz cozido, gohan ou meshi, também tem o significado de refeição. A variedade nipônica de grão curto, em oposição à de grão longo consumida pelos países asiáticos vizinhos, como o aromático tailandês e o basmati, foi desenvolvida ao longo de séculos para se adequar ao clima úmido e ao paladar japonês. Há mais de trezentos tipos de arroz de grão curto em todo o Japão, dentre os quais os mais famosos são o koshihikari e o sasanishiki, enquanto os disponíveis fora do Japão são na maioria produzidos na Califórnia, embora a Espanha também seja um bom produtor de arroz japonês. O arroz de grão curto pode ser encontrado em supermercados e lojas de produtos orientais. Além do arroz branco comum (uruchimai), há o arroz integral (guenmai) e o arroz glutinoso (motigomê ou arroz catete).

ATUM

Conhecido como maguro no Japão, o atum faz parte da família da cavala. Há vários tipos no Japão, mas no Brasil a variedade é menor. A carne vermelha da parte superior do corpo chama-se akami ("carne vermelha") em oposição ao toro ("carne gordurosa") da parte inferior. O toro é classificado pelo grau de oleosidade: tchu-toro ("toro médio") ou o-toro ("toro grande"). O atum normalmente é vendido em postas grandes.

AZUQUI

Este feijãozinho vermelho e nutritivo é fácil de ser encontrado em supermercados, lojas de produtos orientais e de produtos naturais. No Japão, é mais usado na forma de uma pasta seca denominada "an", utilizada em bolos e sobremesas.

BONITO (KATSUO)

Pertencente à mesma família do atum, o katsuo, conhecido aqui como bonito, é um dos peixes mais importantes na culinária japonesa. O bonito é cozido inteiro e depois seco, para fazer katsuo-bushi (veja bonito em flocos, a seguir). O sabor delicado e a textura firme do bonito fresco, cru, podem ser apreciados no sashimi. O hatsu-gatsuo ("primeiro bonito"), pescado no início da estação (primavera até o início do verão), é considerado especial. O bonito de outono é conhecido como modori-gatsuo ("bonito que retorna"), pois o peixe volta ao sul. Ele é mais gorduroso, tem sabor rico e textura mais firme.

BONITO EM FLOCOS (HANA-GATSUO OU KEZURIBUSHI)

O bonito ("katsuo") é cozido e desidratado inteiro em um bloco duro chamado katsuo-bushi e depois cortado em lascas. Os flocos deste produto são chamados hana-gatsuo ("flores de bonito") ou kezuribushi ("raspas do bloco"). Ingrediente essencial para o dashi (*veja p. 27*), também é usado como tempero sobre legumes. O peixe inteiro ou embalagens com os flocos podem ser encontrados em lojas de produtos orientais.

BROTOS DE BAMBU (TAKENOKO)

Populares no Sudeste Asiático, são encontrados frescos ou pré-cozidos em feiras, supermercados e lojas de produtos orientais. Em empórios especializados, também são vendidos em lata, embora no Japão sejam apreciados os brotos jovens e frescos, tratados e valorizados como um produto da estação. No Brasil, eles podem ser encontrados o ano inteiro, enquanto no Japão os brotos de bambu simbolizam a primavera. São sempre fervidos em fogo brando, para preservar o sabor delicado. Sempre que puder, opte pelo produto fresco e natural.

COGUMELO CHINÊS PRETO (KIKURAGUE)

Literalmente traduzido como "geleia de árvore", mas conhecido como orelha-de-pau na China, este cogumelo preto, em formato de orelha, cresce em árvores mortas como amoreiras e olmos. Normalmente é vendido seco, em pacotes, em lojas de produtos orientais e precisa ficar de molho em água morna por 10-15 minutos antes do uso. Diferentemente de outros cogumelos, tem a textura crocante e é utilizado principalmente em cozidos e saladas com vinagre.

CURRY (EM TABLETE)

Contém todos os ingredientes necessários, como o caldo básico, os temperos e os condimentos, para o preparo do molho de curry. O tablete macio lembra uma barra de chocolate, e só é encontrado em lojas especializadas.

DASHI

Este tempero japonês feito com peixe seco, alga e vários condimentos é usado como base de sopas e caldos. Há uma receita para dashi caseiro na página 27, mas para quantidades pequenas use a versão industrializada em envelopes.

EDAMAME

Edamame ("feijão no galho") são os grãos de soja verde ainda na vagem. São vendidos em feixes ou em saquinhos plásticos, nas vagens. Eventualmente podem ser encontrados soltos, cozidos e congelados, em lojas de produtos orientais. Cozinhe em água salgada e salpique um pouco de sal marinho na hora de comer. Pegue a vagem e aperte-a com os dentes para retirar as sementes.

ENOKI

Enoki ou enokitake são cogumelos pequenos, com talos finos e compridos. As versões selvagens têm chapéu marrom--alaranjado e crescem em árvores celtis ("enoki" em japonês), álamos e caquizeiros no inverno, enquanto as versões cultivadas se desenvolvem em temperatura baixa sem luz, produzindo profusões de cogumelos brancos. Os enokis são usados principalmente em cozidos no Japão, mas no Ocidente são consumidos crus.

FARELO DE ARROZ TEMPERADO

O farelo de arroz temperado com sal e condimentos é vendido em supermercados japoneses. É usado no preparo de conservas.

GENGIBRE

O gengibre em conserva no vinagre como acompanhamento do sushi é o uso mais divulgado desta raiz fora do Japão; em outros pratos, usa-se apenas o suco espremido do gengibre ralado. O há-shoga ("raiz de gengibre") e o me-shoga ("broto de gengibre") podem ser encontrados na maior parte do ano no Brasil. O broto de gengibre também é feito em conserva e usado para decorar peixes grelhados. Tire a casca com uma colher de chá ou o descascador de legumes.

GERGELIM

O gergelim é uma planta de regiões tropicais e subtropicais. Suas sementes são usadas na cozinha de diversos países. Na culinária japonesa, o gergelim também é relevante. Pode ser adquirido em sementes claras ou pretas, moídas ou em forma de pasta. As sementes normalmente são tostadas e, nesse caso, denominam-se iri-goma ou atari-goma. Para destacar seu sabor de nozes, o aroma rico e a textura crocante, toste as sementes a seco e em fogo médio, mexendo a frigideira, até começarem a estourar. Para realçar mais ainda seu sabor, amasse as sementes com um pilão.

HARUSSAME

Este macarrão finíssimo é feito de batata, batata-doce ou feijão-mungo. O harussame é adquirido seco em lojas de produtos orientais ou supermercados e deve ser deixado de molho em água fervente por 5 minutos antes de ser usado em saladas e sopas.

INHAME OU SATOIMO

Um tipo de tubérculo, o satoimo tem sabor ligeiramente adocicado e textura densa e rica. Não confunda com o cará, que é bem maior, tem a casca mais grossa e áspera e a polpa também mais espessa. Sob a casca peluda, listrada e escura, ele é escorregadio, o que o torna fácil de descascar. Se a casca estiver molhada ou úmida, pode provocar coceira na pele, o que requer o uso de luvas. É consumido como entrada, cozido na água ou no vapor e temperado com shoyu; também é usado em sopas e cozidos.

KANTEN

Também conhecido como ágar-ágar, o kanten é uma goma obtida de algas marinhas vermelhas denominadas agaríferas e vem sendo amplamente usado na culinária japonesa desde a sua descoberta, em meados do século 17. A alga é seca ao sol, cozida para extrair a goma, congelada e transformada em blocos, tiras, flocos ou pó. É um agente gelificador muito eficiente, endurecendo em 30 minutos em temperatura ambiente. O kanten forma uma gelatina ligeiramente opaca, fácil de cortar. Pode ser consumido puro ou usado como espessante de sopas e molhos.

KOMBU

Esta alga gigante e seca, também conhecida como kelp, é um dos ingredientes indispensáveis da cozinha japonesa, sendo essencial no preparo do Dashi (*veja p. 27*). O kombu seco também é comercialmente processado, produzindo inúmeros derivados, como kombu picado para petiscos e tsukudani (um prato salgado que é refogado lentamente). Existe o tororo-kombu, que é uma lâmina fina, quase transparente, usada para enrolar arroz e petiscos. É encontrado em lojas de produtos orientais e grandes supermercados.

KONNYAKU

O konnyaku é feito do amido do caule subterrâneo de uma variedade de inhame. Geralmente cinza com pintinhas, tem textura firme, gelatinosa, e o sabor lembra o da alga. Pode ser encontrado na forma de blocos ou em fios (macarrão), para ser colocado em sukiyakis, ao gosto dos japoneses, que adoram sua textura diferente; outros, porém, podem ter dificuldade em se adaptar.

LAMEN

Derivado da palavra chinesa la-mien ("macarrão estendido"), o lamen japonês tem textura bem diferente do seu similar chinês. Ao ser cozido, ele se torna ligeiramente transparente e é mais crocante que o macarrão com ovos chinês. No Japão, a popularidade do lamen já ultrapassou os tradicionais udon e soba, e ele vem se tornando cada vez mais popular no Ocidente. Pode ser encontrado fresco, seco ou congelado em lojas de produtos orientais e em grandes supermercados. O lamen instantâneo (sopa com macarrão e tempero em pacote) é muito popular como refeição rápida e saudável.

MASSA DE GUIOZA

É possível comprar a massa pronta, em forma de panquecas finas feitas de farinha de trigo. Com elas são feitos esses pasteizinhos originários da China. Encontra-se em lojas de produtos orientais.

MATCHA

Matcha é o chá verde em pó usado principalmente em cerimônias de chá. Ele é preparado em xícaras individuais, usando o batedor de bambu para misturar a água quente com o chá em vez de deixá-lo abafado no bule. É possível encontrá--lo em lojas de produtos orientais ou de produtos naturais.

MIRIN

Bebida alcoólica bem adocicada, de cor âmbar, o mirin é feito de shotchu (saquê destilado) e também é usado na culinária. Tem uma doçura suave e um aroma leve de saquê, além de propiciar brilho aos pratos. Agora também usado no tempero de pratos europeus, é encontrado em lojas de produtos orientais ou em supermercados grandes. Preste atenção quando for comprar, pois há uma variedade sintética e barata parecida com o mirin, denominada mirin-fumi ("tempero de mirin"), em oposição ao hon-mirin ("mirin verdadeiro"). O teor alcoólico do hon-mirin é de 14 por cento, e o do mirin-fumi é de apenas 1 por cento.

MISSÔ

É um dos temperos mais antigos e importantes da cozinha japonesa. A soja ("daizu") é cozida e misturada a uma cultura de fungo denominada koji, obtida de trigo misturado com arroz, cevada ou feijão. A massa fermentada é maturada por até três anos. Há vários tipos de missô, agrupados em quatro graus básicos, de acordo com a cor e a intensidade do sabor: shiro (branco e leve), aka (vermelho e médio), kuro (preto e forte) e o padrão (cáqui, mais leve que o aka). O missô padrão é vendido em supermercados e lojas de produtos orientais.

MITSUBA

Erva popular no Japão, o mitsuba ("três folhas") é usado principalmente para guarnecer sopas e pratos cozidos. Tem três folhas verde-claras no fim de um galho longo e fino que pode ser usado para prender alimentos. Encontra-se em quitandas de produtos orientais.

MOLHO DE TONKATSU

Feito com frutas, legumes, condimentos e shoyu, é comercializado em garrafas e pode ser encontrado em lojas de produtos orientais.

NABO (DAIKON)

Daikon significa raiz grande. É um dos legumes mais indispensáveis e versáteis da culinária japonesa. Pode ser adicionado a sopas e cozidos, picado cru em saladas, cortado em tiras finas, para enfeitar o sashimi, ou ralado como tempero para tempurás etc. É fácil de ser encontrado no Brasil.

NABO EM CONSERVA (TSUKEMONO DE DAIKON)

Famosa por ter sido criada pelo monge budista Takuan no século 17, esta conserva amarelo-forte é uma delícia servida no café da manhã em muitos lares japoneses. O nabo recém--colhido é pendurado durante dois ou três meses, depois salgado e conservado em nuka ("farelo de arroz") por outros dois ou três meses. O tsukemono de daikon é um ingrediente essencial do takuan-maki.

NORI

Devido à popularidade dos sushis, o nori tornou-se um ingrediente estrelado na culinária japonesa e agora pode ser facilmente encontrado em supermercados grandes ou lojas de produtos naturais. A folha fina, preta, de alga seca é rica em proteína vegetal, vitaminas e minerais e tem a reputação de prevenir a anemia, a perda de cabelo e a fadiga. As folhas são usadas para sushis e guarnição, enquanto se empregam as folhas pequenas para envolver arroz; algumas já vêm tostadas ou temperadas. O nori é utilizado em outros produtos, como tsukudani (refogado cozido lentamente), para enrolar sembei (biscoito de arroz) e como aonori seco (flocos de nori verde), que é espalhado sobre o arroz.

NOZ DE GINGKO (GINNAN)

A árvore gingko biloba ("icho", em japonês) produz a noz gingko, conhecida como ginnan no Japão. A palavra gingko ou ginkgo vem de ginkyo, um outro nome japonês para a árvore. A noz na casca só é encontrada no outono no Japão, mas as nozes cozidas sem casca podem ser compradas no Japão em latas ou potes. Quebre a casca, tire a película, grelhe ligeiramente e coma com um pouco de sal. Na culinária, são frequentemente usadas como enfeite por sua maravilhosa cor amarela (a noz fresca é verde).

PÓ DE SETE ESPECIARIAS (SHITCHIMI)

O shitchimi, à venda em lojas de produtos orientais, é feito de pimenta vermelha seca em pó e de outras sementes, como gergelim, papoula, cânhamo, shisô e sanshô, além de nori. Também existe uma variedade feita apenas de pimenta denominada ichimi. As duas servem como tempero e são salpicadas em sopas, macarrão, yakitori e alimentos grelhados.

RAIZ DE LÓTUS (RENKON)

Os vários orifícios verticais dessa raiz criam um padrão de flores quando ela é cortada na transversal, e é por esse desenho original que a raiz de lótus é muito apreciada. Embora a sua textura crocante seja bastante agradável, o sabor não é tão impressionante. A raiz de lótus fresca é encontrada em lojas de produtos orientais, onde às vezes também é vendida a versão pré-cozida. Mergulhe a raiz de lótus em água com vinagre assim que a descascar, para evitar que preteje, e não use vasilhas de metal.

SALADA DE ALGAS MISTAS (KAISÔ)

A salada de algas mistas contém várias algas verdes, vermelhas e brancas, encontrando-se à venda apenas em lojas especializadas.

SANSHÔ

A sanshô ("montanha de pimenta") não é tão ardida quanto a pimenta-do-reino, porém seu aroma refrescante, que lembra o da hortelã, adiciona um sabor ácido sutil aos pratos. A planta é usada em todos os estágios de crescimento, da primavera até o outono. O broto jovem denominado kinomê é utilizado como enfeite em cozidos e sopas. As pequenas flores amarelo-esverdeadas, hana-zansho, que aparecem na primavera, são usadas para guarnecer sashimis, e os grãos amargos e ardidos, mi- ou tsubu-zansho, do início do verão, são refogados e consumidos em arroz e sopas. O uso mais popular é o kona-zansho ("sansho em pó"), feito das vagens de sementes no outono e usado como condimento. Tanto o tsubu-zancho quanto o kona-zancho são encontrados no Brasil apenas em lojas especializadas.

SAQUÊ

O saquê desempenha um papel essencial na evolução da cozinha japonesa. Feito de arroz, o grão sagrado, e consequentemente reverenciado como um líquido sagrado, todos os anos a primeira partida ainda é dedicada aos templos xintoístas locais. Embora os japoneses bebam menos saquê hoje em dia, nada combina melhor com a comida japonesa que o sabor delicado e adocicado dessa bebida. Também é frequentemente usado no cozimento, fornecendo ao prato um sabor suave e uma leveza refrescante inigualável. Há 55 mil tipos de saquê e 6 mil marcas produzidas por cerca de 2 mil fábricas no Japão, que vão de produtos industrializados em massa até marcas regionais mais exclusivas e menores. Embora poucas marcas de qualidade superior estejam à venda em supermercados japoneses, os produtos industrializados como Ozeki, Gekkeikan, Shochikubai, Takara Masamune e Hakushika são facilmente encontrados em lojas especializadas. O Brasil comercializa algumas dessas marcas e produz saquê nacional, de qualidade inferior.

SHIMEJI

Os shimejis são pequenos cogumelos japoneses que parecem botõezinhos e se juntam em cachos com hastes de até 7,5 cm. No Japão crescem no outono sob árvores como o nara (carvalho japonês) e o pinheiro vermelho, mas também são cultivados. O aroma e o sabor são suaves, mas eles são valorizados pelo frescor e pela textura substanciosa que combina perfeitamente com os delicados pratos japoneses. Corte fora a parte esponjosa da base e lave rapidamente em água fria. Separe as hastes com os dedos e cozinhe ligeiramente. O shimeji pode ser encontrado em feiras e supermercados.

SHIRATAKI

Shirataki ("cascata branca") são pequenos filamentos de macarrão de konnyaku. Esse "macarrão de inhame" é vendido fresco em plásticos com água e usado principalmente em cozidos e saladas.

SHISSÔ

Também conhecido como ohba no Japão, é a erva mais popular da cozinha japonesa. Faz parte da família da hortelã, tem a folha em forma de losango com uns 10 cm de comprimento e 7,5 cm de largura. A folha verde é usada pelo sabor típico e a vermelha, pela cor e pelo aroma. A planta inteira é empregada como erva ou guarnição, principalmente em pratos de sushi e sashimi. No Brasil é vendida fresca como azedinha japonesa e pode ser encontrada principalmente nos grandes supermercados.

SHITAKE

Esses cogumelos de chapéu marrom crescem sob árvores como o shii (*Pasania cuspidata*), o carvalho e a castanheira, embora agora sejam cultivados em grande escala. O shitake seco tem um sabor bem mais pronunciado, mas o cogumelo fresco é mais usado na culinária japonesa por sua sutileza. Para preparar o shitake fresco, tire a sujeira com um papel-toalha úmido e corte a haste fibrosa antes de cozinhar. O shitake é um dos ingredientes comuns em cozidos e tempurás, mas pode também ser simplesmente grelhado. O shitake seco deve ser deixado de molho em água fria por uma hora; se estiver com pressa, deixe em água morna por 30 minutos antes do uso. As duas formas, fresca e seca, podem ser encontradas em grandes supermercados e lojas de produtos orientais.

SHOYU

Conhecido como molho de soja no Ocidente, o shoyu é, sem dúvida, o ingrediente mais importante da culinária japonesa, sendo usado em muitas receitas. Origina-se de um antigo tempero japonês denominado hishio, que era fermentado com grãos como arroz, trigo ou soja, cujo líquido extraído se tornava shoyu. Hoje é produzido em massa e se tornou um dos temperos prediletos no mundo. Há vários graus, como usukushi (claro) e koikushi (escuro), mas a diferença é sutil. O mais rico em sabor é o tamari, feito apenas de soja. O shoyu deve ser usado nas receitas mais destacadas deste livro.

SOBA

O soba é um macarrão especial feito de farinha de trigo-sarraceno misturada, em geral, com farinha de trigo comum. É mais firme que o macarrão normal, tem textura mais crocante e é bem saudável. A cor varia de cinza-acastanhado a bege-claro, dependendo de como o trigo-sarraceno é moído. O soba verde, chamado cha-soba, contém matcha.

SOJA (DAIZU)

O daizu ("grão grande") aparece com destaque na culinária japonesa. O uso em grão, no entanto, limita-se a pratos simples como a soja cozida (*veja p. 147*). Porém, o grão é a base de vários ingredientes como o shoyu (molho de soja), o missô, o tofu e o kinako (farinha de soja), além de ser usado em wagashi (bolos japoneses) e outros doces. Quando fermentado, denomina-se natô – um prato popular no café da manhã.

SOMEN

Esse macarrão bem fino de trigo é produzido de forma semelhante à do udon (*veja p. 18*). Com a ajuda de óleo vegetal, a massa é aberta até se obterem tiras fininhas, que depois são secas em temperatura ambiente. São tão finas que levam apenas um minuto para cozinhar.

TOFU

Para fazer o tofu, a soja é inicialmente cozida e amassada, depois se extrai o leite e, com a ajuda de um coagulante, produz-se uma massa. Esta é colocada em fôrmas de madeira forradas com um pano fino e com um peso em cima para tirar o excesso de líquido e para o tofu ficar firme. Esse tofu apresenta as marcas de tecido nas laterais e é chamado de momem-goshi ("coado no pano") ou tofu firme no Ocidente.

TOFU FRITO (ABURA-AGUÊ)

Em geral, essa forma de tofu é vendida em dois tamanhos. O maior é picado e usado em cozidos, e o menor pode ser recheado com arroz de sushi. É um ingrediente usado no missoshiru. Pode ser aberto como o pão sírio e recheado com arroz de sushi para fazer inari-zushi (*veja p. 92*) e é encontrado em lojas de produtos orientais. Em contraste, há o silken kinu-goshi ("peneirado em seda"), que pode ser pastoso ou firme e é colocado diretamente no molde, sem ser escorrido.

UDON

Esse macarrão grosso é popular em todo o mundo. É feito com água salgada misturada com farinha de trigo, formando uma massa que depois é cortada em tiras finas. O udon seco é fácil de ser encontrado, e a variedade cozida e fresca está à venda em lojas especializadas.

VINAGRE DE ARROZ (SU)

O vinagre japonês, su, também denominado osu, é feito de arroz e de outros grãos. É mais suave, mais doce e menos ácido que os outros vinagres de vinho de arroz. É classificado em quatro graus, dependendo do conteúdo de arroz, e o preço também varia conforme essa gradação: junmai-su (puro vinagre de arroz), komesu ou yonezu (mais de 40 g de arroz por litro/4 copos de vinagre), kokumotsu-su (vinagre de grãos; menos que 40 g de arroz por litro) e gosei-su (que contém vinagre feito sinteticamente). São vendidos como vinagre de arroz nos supermercados japoneses, portanto, verifique o grau desejado. O vinagre de arroz japonês encontrado em lojas de produtos orientais no Brasil tende a ser gosei-su ou kokumotsu-su. O vinagre de arroz tem várias qualidades: pode ser usado para refrescar legumes e neutralizar o sal; tem propriedades bactericidas e age como coagulante em pratos proteicos. Também evita que o alimento perca a cor, ajuda a eliminar a viscosidade dos alimentos e chega a amolecer pequenas espinhas de peixe. É, por isso, muito útil na culinária japonesa, desde os estágios iniciais do preparo até o tempero.

WAKAME

O wakame ("brotos jovens") é uma alga marrom-alaranjada, repleta de vitaminas, sem o mínimo de gordura. Um ingrediente comum no missoshiru, o wakame também é delicioso servido como salada com um molho de vinagre. Para uso culinário, existem as formas seca ou salgada. É encontrado em pacotes, picado, e amolece quase instantaneamente. Para fazer salada, deixe o wakame de molho em bastante água por uns cinco minutos. Escorra, despeje água fervente em cima e passe em água fria. Alguns não precisam ser deixados de molho e podem ser colocados diretamente na sopa.

WASSABI

Dizem que o wassabi ("alteia das montanhas") tem qualidades antissépticas, sendo um acompanhamento indispensável para o sushi e o sashimi. No Japão, com frequência é servido fresco e ralado, mas em outros lugares é usado em pasta ou em pó. As duas formas costumam conter raiz-forte, para ficar ainda mais picante. Para preparar a pasta, coloque 1 colher (chá) bem cheia de wassabi em uma xícara (café) e adicione o mesmo volume de água morna. Mexa vigorosamente, fazendo uma pasta semelhante à argila. Coloque a xícara de cabeça para baixo sobre uma tábua e deixe descansar pelo menos por 10 minutos antes de usar.

TÉCNICAS

COMO FATIAR PEIXE

Compre os filés de peixe cortados na hora. Retire todas as espinhas com uma pinça. Depois que tirar a pele do peixe (*veja à direita*), ele estará pronto para ser fatiado.

Para o sushi e o sashimi, corte o filé no sentido contrário ao da fibra, colocando-o sobre uma tábua e pressionando para baixo com a lâmina de uma faca bem afiada, ligeiramente enviesada, para cortar fatias de 1 cm.

Para o sushi e o sashimi, compre peixes grandes, como o atum e o salmão, em posta inteira, não em filés. Corte blocos de aproximadamente 7,5 cm de largura por 2,5 cm de espessura antes de cortar de forma semelhante em fatias de 7,5 cm de comprimento e 1 cm de espessura.

Para o niguirizushi (sushi moldado na mão), corte o filé de peixe (garoupa, tainha, cavala etc.) no sentido contrário ao da fibra para que a peça meça aproximadamente 7,5 cm de comprimento. Coloque a lâmina de uma faca bem afiada ligeiramente enviesada e corte, forçando para baixo, peças de aproximadamente 7,5 cm de comprimento por 4 cm de largura e 0,5 cm de espessura. Cada peça deve cobrir um bolinho de sushi moldado na mão do tamanho aproximado de um polegar grosso.

Para o niguiri, compre os peixes maiores, como o atum e o salmão, em postas, e não em filés, e corte em fatias de 7,5 cm de largura por 2,5 cm de espessura e de qualquer comprimento antes de fatiar peças semelhantes em pedaços de aproximadamente 7,5 cm de comprimento por 4 cm de largura e 0,5 cm de espessura. Recomenda-se deixar a peça preparada do peixe por um tempo no freezer para cortá-lo com mais facilidade.

COMO TIRAR PELE DE PEIXE

Sempre tire a pele dos filés de peixe, exceto da cavala. Nesse caso, retire apenas a membrana exterior, mais fina, deixando o desenho prateado intacto.

1 **COLOQUE** o filé na tábua com a pele para baixo e, com uma mão, segure a pele com firmeza, do lado do rabo; insira a lâmina de uma faca bem afiada, ligeiramente enviesada, entre a pele e a carne.

2 **DESLIZE** a lâmina entre a pele e a carne em direção à cabeça, retirando a pele.

COMO LIMPAR CAMARÕES

Os camarões são bastante usados na culinária japonesa, especialmente em tempurás, sushis e sashimis. Prefira camarões frescos, com casca.

Para limpar:

1 **RETIRE** a cabeça do camarão com as mãos.

2 **ESPETE** um palito nas costas do camarão e puxe delicadamente a tripa.

Para deixar os camarões esticados durante o cozimento:

1 **INSIRA** um palito no sentido do comprimento dentro do camarão, endireitando-o, e cozinhe com o palito dentro.

2 **RETIRE** o palito com cuidado depois de cozido o camarão e quando esfriar um pouco, mas não deixe esfriar totalmente.

FLORES DE RABANETE

Estas decorativas flores de rabanete são muito bonitas, além de fáceis de preparar. Depois de limpos, deixe os rabanetes em uma marinada de vinagre de arroz japonês, que ajuda a manter os legumes frescos, abre as "pétalas" e conserva a cor.

1 APARE o cabinho dos rabanetes, fazendo uma base achatada. Coloque dois lápis, lado a lado, sobre a tábua e ponha um rabanete entre eles. Com uma faca afiada, faça seis cortes verticais no rabanete até a lâmina tocar os lápis, para que o rabanete não seja cortado até o fim.

2 GIRE o rabanete 90 graus e faça mais alguns cortes sobre os anteriores, formando um padrão xadrez. Repita o processo com outros rabanetes.

3 COLOQUE os rabanetes em uma vasilha, polvilhe com um pouco de sal e esfregue ligeiramente. Reserve por 10 minutos.

4 MISTURE 150 ml/⅔ de copo de vinagre de arroz com 85 g/½ copo de açúcar e mexa até o açúcar se dissolver. Escorra os rabanetes, aperte ligeiramente para tirar o excesso de líquido e despeje a mistura de vinagre sobre eles. Deixe marinar por 2-3 horas ou leve à geladeira de véspera; eles se abrirão e ficarão com a aparência de botões de cerejeira.

5 PASSE gemas cozidas na peneira formando uma farofa amarela e coloque-a sobre as flores de rabanete, para simular o pólen.

VARIAÇÕES

CRISÂNTEMO DE NABO – Corte um nabo descascado em rodelas grossas de 2,5-4 cm e, com a faca, faça um padrão xadrez até uns ¾ da altura das fatias. Parta cada rodela em quatro e siga os passos 3 e 4 das flores de rabanete. Deixe marinar por 4-6 horas ou mantenha na geladeira de véspera. Sirva com rodelinhas finas de cebola roxa.

FLORES DE NABO REDONDO – Siga os passos 1 e 2 das flores de rabanete, usando nabos redondos pequenos, faça 8-12 cortes em cada um e siga os passos 3 e 4, marinando os nabos por 4-6 horas ou deixando-os na geladeira de véspera. Se quiser, coloque um pedacinho de pimenta seca em cima, como "pólen".

FLORES DE RAIZ DE LÓTUS

No Japão, a raiz de lótus é muito apreciada por sua forma, que se assemelha a uma flor quando cortada em rodelas finas.

1 PREPARE a marinada de conserva para a flor de lótus misturando 5 colheres (sopa) de vinagre, 5 colheres (sopa) de mirin e uma pitada de sal em uma panela. Deixe ferver em fogo médio por alguns segundos. Coloque uma pimenta-calabresa seca em água quente por 5 minutos.

2 RETIRE a panela do fogo. Escorra a pimenta, corte em anéis finos, jogue fora as sementes e junte à marinada. Deixe a marinada esfriar.

3 DESCASQUE a raiz de lótus fresca e mergulhe em 250 ml/1 copo de água misturada com 2 colheres (sopa) de vinagre para evitar a mudança de cor. Retire a raiz de lótus e seque em papel-toalha.

4 SEGURE a raiz de lótus na vertical com uma mão e com uma faca afiada faça 2 cortes na vertical com cerca de 1 cm de profundidade, para fazer um canal em V entre dois dos buracos grandes (a raiz de lótus, em geral, tem sete buracos grandes que aparecem na raiz dispostos em círculo, com alguns círculos menores ao redor). Repita os cortes seis vezes, delimitando as "pétalas da flor".

5 CORTE rodelas para obter as "flores". Coloque na marinada por 1 hora, ou de véspera. Retire as flores da marinada à medida que for usá-las.

FLORES DE CENOURA

Essas flores simples produzem um efeito especial, pois a cor vibrante atrai o olhar (veja p. 133).

1 USE uma faca afiada para fazer 5 cortes pequenos em V em intervalos regulares na casca da cenoura, no sentido do comprimento.

2 ALISE as beiradas cortadas fazendo a forma de cinco pétalas quando a cenoura for vista de cima.

3 CORTE uns 5 cm da parte de cima da cenoura, no sentido diagonal em direção ao centro da cenoura (como se apontasse um lápis), e tire um pedaço bem fino. Continue cortando até fazer o número de flores desejado.

O CORTE DOS LEGUMES

Na culinária japonesa, o corte exato e preciso dos ingredientes é muito importante. Em geral, os legumes são cortados de forma e tamanho semelhantes, para que todos sejam cozidos de maneira uniforme.

Para picar bem fino, descasque o legume determinado pela receita e corte-o no sentido da largura em pedaços de 5 cm. Depois corte fatias finas no sentido do comprimento, e em seguida pique fininho.

Para palitos finos, descasque o legume desejado, e corte no sentido do comprimento em fatias finas. Empilhe algumas fatias juntas e corte no sentido do comprimento em tiras finas que lembrem palitos de fósforo.

CORTE DA CARNE

É comum a carne ser fatiada bem fino na culinária japonesa, especialmente em pratos como o Sukiyaki (veja p. 106). *Para fatiar com mais facilidade, compre uma peça de carne, e não filés.*

1 CONGELE a carne por 3-4 horas. Retire-a do freezer e deixe descongelar um pouco. Isso pode levar 1-2 horas em temperatura ambiente ou 2-3 horas na geladeira. A carne semicongelada deverá estar firme para manter a forma.

2 POSICIONE uma faca bem afiada ligeiramente enviesada na carne e fatie-a cortando lâminas da espessura desejada. Espalhe as fatias no prato para descongelar antes de usá-las.

UTENSÍLIOS

ESPETOS DE BAMBU

O tipo mais prático é um espeto fino de uns 15 cm de comprimento, usado para grelhar alimentos como o Espetinho de frango (*veja p. 38*). Deixe os espetos de molho na água pelo menos por 30 minutos antes do uso, para não queimarem enquanto grelham. Espetos mais curtos e elaborados são usados para servir.

ESTEIRINHA DE BAMBU (MAKISU)

Essa esteirinha de bambu tem o tamanho aproximado de um jogo americano e é usada para enrolar o sushi em cilindro.

PAUZINHOS (HASHI)

São talheres elegantes e utensílios úteis para cozinhar. Há vários tipos e tamanhos, conforme o uso: comer, cozinhar e servir.

RALADORES

O ralador japonês permite que os sucos do nabo ou do gengibre sejam recolhidos na base curva ou na caixa acoplada. Há um especial para ralar nabo e uma versão com a metade do tamanho para o gengibre e o wassabi fresco. O último é o mais útil.

MOEDOR E PILÃO

O suribati e o surikogui (moedor e pilão de madeira) moem grãos ou fazem pastas mais finas que o pilão ocidental, sendo ideais para itens pequenos como o gergelim. Um moedor elétrico pequeno é uma boa alternativa.

FACAS

Já que o corte exato e eficiente é tão importante na culinária japonesa, as boas facas japonesas são os utensílios mais preciosos do cozinheiro. É essencial ter uma faca boa e afiada para uso genérico e uma pequena para legumes.

MOLDES

Há vários tipos e tamanhos de moldes, mas um molde de madeira para sushi e um de metal para os outros grupos de alimento, como as gelatinas, devem ser suficientes.

PANELA DE ARROZ

A panela de arroz elétrica cozinha de forma perfeita e deixa o arroz fofo o tempo todo, além de mantê-lo aquecido até o momento necessário. Em geral, cozinha o arroz bem devagar, portanto leva mais tempo do que uma panela colocada diretamente no fogo, mas não é preciso deixar o arroz de molho antes, o que economiza tempo. Há panelas de arroz maravilhosas que conseguem praticamente recriar o sabor do arroz cozido na lenha dos tempos antigos.

VASILHA PARA O ARROZ

Há um utensílio especial denominado handai ou hanguiri para fazer a mistura do arroz cozido com o tempero de vinagre do sushi. Em geral, é feito de madeira de cipreste japonês, que tem a porosidade ideal para absorver o excesso de umidade. Se não o encontrar, uma tigela grande normal pode substituí-lo.

RECEITAS DE BASE

ARROZ JAPONÊS SIMPLES

GOHAN

RENDIMENTO: 4 PORÇÕES PREPARO: 5 MINUTOS, MAIS 40 MINUTOS DE REPOUSO COZIMENTO: 15 MINUTOS

A culinária japonesa se inicia com o preparo do arroz. Cozinhe com cuidado e paciência e ele ficará macio e ao mesmo tempo substancioso.

1 LAVE 250 g/1¼ de copo de arroz japonês de grão curto, fazendo várias trocas de água até ela ficar límpida, para retirar bem o amido. Passe no lavador de arroz.

2 COLOQUE o arroz em uma panela grossa, de preferência de ferro fundido, com aproximadamente 14 cm de diâmetro. Junte 300 ml/1¼ de copo de água e deixe por 30 minutos.

3 TAMPE a panela e leve ao fogo médio até ferver. Abaixe o fogo ao mínimo e com uma espátula de madeira mexa rapidamente o arroz de cima para baixo. Tampe novamente e deixe apurar lentamente em fogo baixo por 10-12 minutos, até a água ser absorvida mas ainda se formarem bolhas sobre o arroz.

4 MEXA o arroz com cuidado de baixo para cima e continue a apurar, tampado, por mais 1 minuto. Retire do fogo e reserve por uns 10 minutos. Sirva-o em tigelas individuais ou, com as mãos úmidas, faça bolinhos de 4 x 5 cm para levar de bentô (lanche).

ARROZ DE SUSHI

SUMESHI

RENDIMENTO: 4 PORÇÕES PREPARO: 10 MINUTOS COZIMENTO: 15 MINUTOS

A parte mais importante no preparo do sushi é fazer o arroz corretamente. Cuidado com a textura, a temperatura e a maciez. Se estiverem corretas, já é mais que meio caminho andado.

250 g/1¼ de copo de **arroz japonês de grão curto**
3 colheres (sopa) de **vinagre de arroz**
1 colher (sopa) de **açúcar**
1 colher (chá) de **sal marinho**

1 PREPARE e cozinhe o arroz seguindo o método para o Arroz japonês simples (*veja à esquerda*).

2 MISTURE o vinagre, o açúcar e o sal em uma xícara e mexa bem até dissolverem.

3 PONHA o arroz quente em uma vasilha não metálica e regue com o vinagre. Com uma espátula de madeira, agregue cuidadosamente a mistura de vinagre ao arroz. Esfrie-o rapidamente com um leque enquanto o vira delicadamente com a espátula.

4 DEIXE o arroz ficar morno antes de usá-lo no sushi.

ARROZ COM ERVILHAS

AOMAME GOHAN

RENDIMENTO: 4 PORÇÕES PREPARO: 10 MINUTOS, MAIS 40 MINUTOS DE REPOUSO COZIMENTO: 15 MINUTOS

O aroma e o sabor sutis das ervilhas propiciam ao arroz japonês uma outra dimensão com um contraste incrível de cores – um ótimo prato de primavera.

250 g/1¼ de copo de **arroz japonês de grão curto**
1 colher (sopa) de **saquê**
¾ de colher (chá) de **sal marinho**
60 g/⅓ de copo de **ervilhas** frescas ou congeladas

1 **LAVE** o arroz, trocando a água várias vezes até ela ficar límpida. Escorra no lavador de arroz.

2 **PONHA** o arroz em uma panela de fundo grosso, de preferência de ferro fundido, com uns 14 cm de diâmetro. Adicione 300 ml/1¼ de copo de água e deixe por 30 minutos.

3 **JUNTE** o saquê e o sal e ponha as ervilhas em cima. Tampe a panela e deixe ferver em fogo médio. Abaixe o fogo e, com uma espátula de madeira, misture rapidamente o arroz de cima para baixo. Tampe novamente e apure por uns 10-12 minutos, até a água ser absorvida mas ainda se formarem bolhas na superfície.

4 **MEXA** o arroz delicadamente e continue a apurar, tampado, por 1 minuto. Retire do fogo e reserve tampado, por mais 10 minutos. Misture o arroz delicadamente para espalhar as ervilhas de modo uniforme e sirva quente em tigelas.

ARROZ COM SHIMEJI

SHIMEJI GOHAN

RENDIMENTO: 4 PORÇÕES PREPARO: 10 MINUTOS, MAIS 10 MINUTOS DE REPOUSO COZIMENTO: 15 MINUTOS

A textura carnuda e o formato bonito dos cogumelos shimeji enriquecem o sabor e a apresentação do arroz simples.

250 g/1¼ de copo de **arroz japonês de grão curto**
300 ml/1¼ de copo de **dashi** (*veja p. 27*) frio
1 colher (sopa) de **saquê**
½ colher (chá) de **sal marinho**
1½ colher (chá) de **shoyu**
60 g de **cogumelos shimeji** limpos e separados em galhinhos
1 colher (sopa) de **cebolinha** picada

1 **PREPARE** o arroz seguindo a receita de arroz com ervilhas (*veja à esquerda*), mas substitua a água no passo 2 por dashi. Junte o shoyu, o saquê e o sal no passo 3 e use shimeji em vez de ervilhas.

2 **SALPIQUE** o arroz com cebolinha picada antes de servir.

DASHI

DASHI

RENDIMENTO: 1 LITRO/4 COPOS PREPARO: 5 MINUTOS, MAIS 1 HORA DE DEMOLHA COZIMENTO: 10 MINUTOS

O dashi, o caldo básico japonês, é usado não apenas em sopas, mas também em praticamente todos os cozidos e molhos. É muito fácil fazer um dashi autêntico, que pode ser congelado para uso posterior.

15-20 cm de alga **kombu** seca

30 g de **bonito em flocos**

1 **LIMPE** a alga com um pano de prato úmido, coloque em uma panela com 1¼ de litro/5 copos de água e deixe de molho por 1 hora.

2 **LEVE** a água com o kombu para ferver e retire-o pouco antes de a água alcançar o ponto de fervura para reter o sabor sutil. (O kombu pode ser jogado fora neste ponto ou reservado para outro uso.)

3 **DIMINUA** o fogo, adicione o bonito em flocos à panela e apure por 5 minutos (não deixe a água ferver). Retire a panela do fogo e reserve o caldo por alguns minutos, até os flocos de peixe assentarem no fundo da panela.

4 **COE** o líquido em uma peneira forrada com musselina ou papel-toalha. Jogue fora os flocos. O caldo está pronto para ser usado.

MISSOSHIRU COM WAKAME E TOFU

WAKAME TO TOFU NO MISO SHIRU

RENDIMENTO: 4 PORÇÕES PREPARO: 10 MINUTOS COZIMENTO: 10 MINUTOS

O missô é usado diariamente de várias formas no lar japonês, mas é mais comum servir como base da sopa. Pode-se fazer uma combinação de quaisquer legumes, tofu, algas ou até carne na sopa, mas o tofu com o wakame é a opção mais tradicional e mais popular.

5 g de **wakame** seco

600 ml/2½ copos de **dashi** *(veja à esquerda)*

2-3 colheres (sopa) de **missô**

½ **tofu soft** (uns 150 g) cortado em cubos pequenos

1 talo de **cebolinha** bem picado

1 **DEIXE** o wakame de molho em bastante água quente por 5 minutos e escorra. Se o wakame não estiver cortado, pique em pedaços pequenos.

2 **PONHA** o dashi em uma panela e aqueça em fogo médio; não deixe ferver. Coloque o missô em uma xícara e dilua com um pouco de dashi quente. Despeje ¾ dessa mistura na panela. Experimente e, aos poucos, adicione o restante do missô diluído a gosto.

3 **JUNTE** o wakame e o tofu e aqueça em fogo médio. Pouco antes de ferver, retire a panela do fogo. Sirva em tigelas, com a cebolinha picada por cima.

SOPA CLARA COM OVO BATIDO

TAMAGO NO SUMASHI JIRU

RENDIMENTO: 4 PORÇÕES PREPARO: 10 MINUTOS
COZIMENTO: 15 MINUTOS

Este é um tipo de consomé japonês, cuja essência está mais na base de sopa que nos outros ingredientes. O mais indicado é usar um bom dashi caseiro.

5 cm de **nabo** descascado e cortado em tiras de 5 cm

20 g de **ervilha-torta** limpa

600 ml/2½ copos de **dashi** (*veja p. 27*)

¾ de colher (chá) de **sal marinho**

1 colher (sopa) de **shoyu**

2 **ovos** batidos

1 COLOQUE o nabo em uma panela, cubra com água e deixe ferver. Diminua o fogo e apure por 4-5 minutos até ficar tenro, mas ainda crocante. Escorra.
2 COZINHE a ervilha-torta da mesma forma por 1-2 minutos.
3 AQUEÇA o dashi em fogo médio e adicione o sal e o shoyu. Junte os ovos batidos e, quando eles subirem à superfície, mexa ligeiramente com os hashis (*veja p. 23*) ou com um garfo. Retire do fogo pouco antes de ferver.
4 DISTRIBUA o nabo em 4 tigelas de sopa e despeje o caldo por cima. Sirva imediatamente com a ervilha-torta.

CONSERVA DE GENGIBRE

AMAZU SHOGA

RENDIMENTO: 4 PORÇÕES PREPARO: 15 MINUTOS
MARINADA: 3-4 DIAS COZIMENTO: 4 MINUTOS

Também conhecida como gari no jargão de restaurantes de sushi, a conserva de gengibre é um acompanhamento indispensável para o sushi. É deliciosa, além de refrescar a boca entre os diferentes sushis. Uma variação, o kine-shoga, é o gengibre fresco conservado em água avinagrada que se usa para acompanhar peixe grelhado.

100 g de **gengibre**

MARINADA DE VINAGRE:

100 ml/½ copo de **vinagre de arroz**

1½ colher (sopa) de **açúcar**

1 DESCASQUE o gengibre e corte em fatias bem finas com o descascador de legumes. Coloque o gengibre em uma panela, cubra com água e leve para ferver. Cozinhe por 2 minutos e escorra.
2 PONHA o vinagre de arroz, o açúcar e 3 colheres (sopa) de água em uma tigela e mexa até o açúcar se dissolver.
3 TIRE o excesso de água do gengibre, espremendo-o, e ponha as fatias na marinada de vinagre. Deixe apurar por 3-4 dias e conserve em um recipiente hermético na geladeira por até 12 meses.
4 SIRVA as fatias dobradas como flores ou empilhadas em um prato junto com o sushi ou em um pratinho à parte.

CONSERVA DE ACELGA NO SAL

HAKUSAI NO SHIOZUKE

RENDIMENTO: 4-8 PORÇÕES PREPARO: 20 MINUTOS
MARINADA: 12 HORAS

O arroz e as conservas combinam muito bem na mesa japonesa, e há vários métodos de preparo de todos os tipos de legumes misturados com variedades regionais. Esta conserva simples no sal é a mais popular.

10 **folhas de acelga** cortadas ao meio no sentido do comprimento e depois cortadas em tiras de 5 cm
suco de ½ **limão** mais a casca cortada em 8 tiras
2 **pimentas-calabresa secas**
2 quadrados de 5 cm de **kombu** seco
2 colheres (sopa) de **sal marinho**

1 **COLOQUE** a parte branca da acelga em uma vasilha grande e ponha em cima metade das cascas de limão, 1 pimenta e um pedaço de kombu. Junte o resto da acelga e espalhe o restante da casca de limão, da pimenta e do kombu.

2 **MISTURE** 100 ml/½ copo raso de água com sal em uma xícara. Mexa até o sal se dissolver e junte o suco de limão. Despeje a mistura por igual sobre a acelga e coloque um prato raso em cima. O prato deve ser 2,5 cm menor que o diâmetro da tigela para que repouse diretamente sobre as folhas. Ponha um peso (cerca de 1 kg) sobre o prato e deixe por 12 horas, até as folhas murcharem.

3 **VIRE** a acelga de cima para baixo, para que o sabor do kombu, da pimenta e das raspas de limão se espalhe de modo uniforme. (Estará pronto para servir depois de 12 horas, mas pode ser mantido na geladeira por até 2 dias.)

4 **RETIRE** o peso e o prato. Escorra as folhas e remova os temperos. Pique o kombu bem fininho, bem como a pimenta, e jogue fora a casca do limão.

5 **TIRE** o excesso de líquido da acelga e coloque as folhas em uma vasilha. Misture o kombu e sirva o prato com as rodelas de pimenta.

VARIAÇÃO

CONSERVA DE FREEZER – Corte várias folhas de acelga em quadrados de uns 5 cm. Coloque um punhado em um saco plástico para freezer e salpique com ½ colher (chá) de sal marinho. Repita o processo até pôr todas as folhas no saco. Tire todo o ar do plástico e vede bem com um elástico. Deixe o saco na geladeira por 2-3 dias, virando de vez em quando para as folhas murcharem por igual. Retire as folhas, escorra e esprema o excesso de água. Sirva com um pouco de shoyu ou use em saladas.

CONSERVA NO MISSÔ

MISO-ZUKE

RENDIMENTO: 4 PORÇÕES PREPARO: 20 MINUTOS MARINADA: 3 HORAS

O missô puro é muito salgado e curte os legumes em poucas horas, mantendo-os frescos e crocantes, diferentemente de outras conservas.

2 **cenouras** pequenas descascadas
10 cm de **nabo** descascado e cortado no sentido do comprimento
1 talo de **aipo** cortado ao meio

MARINADA DE MISSÔ:

300 g de **missô**
2 colheres (sopa) de **saquê**
2 colheres (sopa) de **mirin**

1 **PREPARE** a marinada de missô misturando-o com o saquê e o mirin em uma tigela até dissolver bem.
2 **PONHA** metade da marinada em uma vasilha não metálica, rasa, retangular e espalhe de maneira uniforme. Distribua a cenoura, o nabo e o aipo em uma camada homogênea. Espalhe o resto da marinada por cima com uma colher. Tampe ou cubra com filme de PVC e deixe curtindo na geladeira. Os vegetais ficarão prontos depois de 3 horas, mas se manterão crocantes por até 5 horas.
3 **RETIRE** os legumes e enxágue em água fria corrente. Seque em papel-toalha e corte em pedaços pequenos. Arrume em um prato e sirva com arroz. (Guarde a marinada na geladeira para usar outra vez.)

CONSERVA EM FARELO DE ARROZ

NUKA-ZUKE

RENDIMENTO: 4 PORÇÕES PREPARO: 30 MINUTOS MARINADA: 12 HORAS

O nuka (farelo de arroz) misturado com salmoura forte é chamado de nuka-missô. Forma um leito de farelo de arroz que precisa ser mexido todos os dias – um método de conserva especial do Japão. O farelo de arroz e o farelo preparado podem ser encontrados em lojas de produtos orientais.

500 g/3½ copos de **farelo de arroz preparado**
150 g/¾ de copo de **sal marinho**
1 **cenoura** descascada
5 cm de **nabo** descascado
um pedaço de 10 cm de **pepino**

1 **PONHA** o farelo de arroz em uma vasilha grande. Misture o sal com 400 ml/1⅔ de copo de água e mexa até dissolver. Junte a água salgada ao farelo e misture bem até obter uma liga uniforme.
2 **COLOQUE** em uma vasilha grande não metálica com tampa hermética e deixe por 5 dias, mexendo duas vezes ao dia.
3 **ENTERRE** a cenoura, o nabo e o pepino bem fundo no farelo e deixe de véspera. A conserva fica pronta depois de 12 horas, mas, passadas 24 horas, ela azeda.
4 **RETIRE** os legumes do farelo e enxágue em água corrente fria. Seque e corte em fatias pequenas.
5 **USE** a base de farelo para curtir mais legumes. Cubra com sal e guarde na geladeira quando não estiver em uso. De vez em quando, adicione mais farelo fresco e ela durará para sempre.

OMELETE JAPONESA

TAMAGO-YAKI

RENDIMENTO: 1 OMELETE GROSSA PREPARO: 5 MINUTOS
COZIMENTO: 20 MINUTOS

A omelete grossa – camadas de lâminas de ovo enroladas – é regularmente consumida no café da manhã no Japão e é uma opção excelente para levar de lanche no trabalho ou para colocar no sushi. A variação com uma camada fina de ovo em vez de quatro é usada para o sushi, picada bem fininho, para salpicar, ou inteira para enrolar.

3 colheres (sopa) de **dashi** (*veja p. 27*)
1½ colher (sopa) de **açúcar**
1 colher (chá) de **shoyu**, mais um pouco para servir
uma pitada de **sal marinho**
4 **ovos** grandes batidos
2 colheres (sopa) de **óleo vegetal**
nabo ralado para servir

1 **MISTURE** o dashi, o açúcar, o shoyu, o sal e os ovos e mexa bem até o açúcar se dissolver.
2 **AQUEÇA** uma panela para tamago-yaki quadrada ou uma frigideira antiaderente de uns 14 cm de diâmetro em fogo médio e despeje o óleo. Retire o excesso de óleo com papel-toalha e reserve o papel. Abaixe o fogo.
3 **DESPEJE** um quarto da mistura de ovo na frigideira, formando uma camada uniforme. Fure as bolhas de ar com um garfo.
4 **ENROLE** a lâmina fina de ovo antes de solidificar-se completamente e coloque-a em um dos lados da frigideira. Unte a parte vazia da frigideira com o papel-toalha reservado, empurre esses rolinhos para a parte untada e unte a outra metade da frigideira. Despeje mais um quarto do ovo, que formará uma lâmina fina colada em um dos lados do rolinho. Enrole essa lâmina, deixando o rolinho no meio. Repita o processo mais duas vezes.
5 **RETIRE** a omelete da frigideira e corte no tamanho e na forma desejados. Sirva quente ou fria, com o nabo por cima e regada com um pouco mais de shoyu.

VARIAÇÃO

OMELETE FINA – Aqueça uma panela de tamago-yaki ou uma frigideira antiaderente de uns 20 cm de diâmetro e unte com óleo. Abaixe o fogo, despeje um pouco da mistura de ovo com uma pitada de sal e espalhe em camada fina sobre a frigideira quente. Deixe por 30 segundos ou até ficar firme e vire com cuidado. Retire a frigideira do fogo e deixe a omelete nela por alguns segundos. Vire sobre uma tábua para esfriar.

PARTE 2

AS RECEITAS

A crescente popularidade do sushi, com sua apresentação ***impecável*** *e inúmeras qualidades saudáveis, pode tê-lo* ***levado*** *a experimentar a comida japonesa pela primeira vez, mas o sushi é tão divertido de fazer quanto de consumir. É uma* ***arte*** *que pode demandar um pouco de prática, mas tenho certeza de que você apreciará o processo e o* ***delicioso*** *sabor resultante.*

Por mais ***maravilhoso*** *que seja, há muito mais na culinária japonesa além do sushi, e a verdadeira diversidade dessa cozinha* ***fascinante*** *está representada neste livro, dos clássicos* ***prediletos,*** *como o Yakitori, o Teriyaki e o Tempurá, aos menos comuns, como o Curry de carne à japonesa, o Salmão ensopado, os Rolinhos de frango com aspargos, o Lamen frito com frutos do mar e os Bolinhos de arroz com pasta de azuqui.*

Uma refeição ***tradicional*** *japonesa apresenta vários pratos e pode começar com um Missoshiru de abóbora com tofu – e* ***clássicos*** *como este são pratos de* ***fácil*** *preparo para cozinheiros que não estão familiarizados com a culinária nipônica. Então, talvez você queira começar com uma* ***entrada*** *como a Carne tataki ou optar por Sashimis variados, seguidos de um* ***exuberante*** *Sukiyaki ou Shabu-shabu de peixe. Entre as sobremesas, pode escolher as Panquecas dorayaki, as* ***perfumadas*** *Peras ao gengibre em calda de ameixas e a* ***deslumbrante*** *Pitaia com gelatina de gengibre.*

CARNE TATAKI *GYUNIKU NO TATAKI*

RENDIMENTO: 4 PORÇÕES PREPARO: 15 MINUTOS MARINADA: 3 HORAS
COZIMENTO: 3 MINUTOS

Este é um sashimi de carne com uma variação: frita-se ligeiramente a parte externa enquanto o interior é deixado cru, depois a carne é marinada em molho de vinho por 3 horas. É um prato bem substancioso, especialmente bom acompanhado de cerveja ou vinho gelado em dias quentes de verão.

---

400 g de **filé-mignon**

2 colheres (sopa) de **óleo vegetal**

12 **aspargos** cortados em pedaços de 5 cm branqueados

sal marinho e **pimenta** moída na hora

MARINADA DE VINHO:

½ **cebola** fatiada em meias-luas bem finas

½ **limão** em fatias

1 dente de **alho** em fatias finas

150 ml/⅔ de copo de **vinho branco**

6 colheres (sopa) de **shoyu**

MOLHO DE NABO AVINAGRADO:

3 cm/1¼ de **nabo** descascado e ralado

3 colheres (sopa) de **shoyu**

3 colheres (sopa) de **vinagre de arroz**

2 colheres (sopa) de **mirin**

1 TEMPERE a carne com sal e pimenta, esfregando-os na carne. Aqueça o óleo em uma frigideira, frite a carne por 2-3 minutos, virando de vez em quando, até selar e dourar inteiramente. Não passe do ponto – a carne por dentro deve ficar rosada. Mergulhe-a imediatamente em uma tigela com água bem gelada e retire qualquer parte chamuscada na água. Escorra em papel-toalha.

2 PREPARE a marinada misturando a cebola, o limão, o alho, o vinho e o shoyu em uma tigela rasa não metálica. Coloque a carne e deixe marinar por 3 horas na geladeira, regando de vez em quando. Depois de 2 horas, junte os aspargos ao molho.

3 ESCORRA a carne e os aspargos e, usando uma faca bem afiada, fatie a carne contra o sentido da fibra, o mais fino que conseguir.

4 FAÇA o molho de nabo avinagrado, colocando o nabo, o shoyu, o vinagre de arroz e o mirin em uma vasilha e mexendo bem.

5 ARRUME as fatias de carne e os aspargos em 4 pratos e sirva com o molho de nabo.

GUIOZA FRITO

YAKI GYOZA

RENDIMENTO: 4 PORÇÕES PREPARO: 45 MINUTOS COZIMENTO: 20 MINUTOS

Estes pasteizinhos conhecidos como guiozas são muito populares no Japão, assim como no país de origem, a China. Outras carnes moídas podem ser usadas, e a massa é encontrada em lojas de produtos orientais.

---

4 folhas grandes de **acelga** escaldadas, escorridas e picadas

1 colher (sopa) de **amido de milho**

250 g de **carne de porco moída**

2 talos de **cebolinha** bem picados

1 dente de **alho** bem picado

2,5 cm de **gengibre** descascado e bem picado

½ colher (chá) de **óleo de gergelim**

1 colher (chá) de **sal marinho** e uma pitada de **pimenta** moída na hora

24 folhas de **guioza** (7,5 cm de diâmetro)

farinha de trigo para polvilhar

2-3 colheres (sopa) de **óleo vegetal**

folhas de verdura como o lollo rosso

6 colheres (sopa) de **shoyu** misturado com 4 colheres (sopa) de **vinagre de arroz** e 1-2 colheres (chá) de **óleo de pimenta** para os guiozas

1 **ENVOLVA** a acelga picada em um pano de prato e aperte para tirar o excesso de água. Coloque-a em uma vasilha junto com o amido de milho, a carne de porco, a cebolinha, o alho, o gengibre e o óleo de gergelim, tempere com sal e pimenta e misture bem.

2 **ABRA** a folha de guioza sobre uma tábua e ponha cerca de 1 colher (sopa) da mistura no centro. Molhe a beirada da massa com água. Dobre o guioza, fazendo uma meia-lua. Vede a beirada com 7-8 beliscões na massa. Deixe em superfície polvilhada com um pouco de farinha com a parte do corte para cima. Repita o processo até acabarem a massa e o recheio.

3 **AQUEÇA** o óleo em uma frigideira grande em fogo médio e frite metade dos guiozas, com a parte do recheio para baixo, por 2-3 minutos, até a base dourar.

4 **DESPEJE** água quente na frigideira até metade da altura dos guiozas, tampe e cozinhe em fogo alto por 4-6 minutos, até quase toda a água evaporar.

5 **ABAIXE** o fogo e cozinhe os guiozas destampados por 1 minuto para ficarem crocantes. Retire e repita o processo com os restantes. Arrume 6 guiozas em cada prato com um pouco de verdura. Sirva com shoyu misturado com vinagre de arroz e um pouco de óleo de pimenta.

ESPETINHO DE FRANGO *YAKITORI*

RENDIMENTO: **12** ESPETINHOS PREPARO: **25** MINUTOS
COZIMENTO: **15** MINUTOS

Este prato é a resposta japonesa para o satay da Malásia, e o molho que o acompanha é provavelmente o mais simples e o menos apimentado de todos os satays encontrados no Sudeste Asiático.

---

6 **coxas de frango** desossadas e sem pele cortadas em quatro

12 **quiabos** pequenos limpos

4 talos de **cebolinha** (apenas a parte branca) cortados em pedaços de 2 x 4 cm

sanshô em pó e/ou **pó de sete especiarias** para polvilhar (opcional)

quartos de **limão** (opcional)

MOLHO TARÊ:

3 colheres (sopa) de **saquê**

4 colheres (sopa) de **shoyu**

1 colher (sopa) de **mirin**

2/3 de colher (sopa) de **açúcar**

1 **DEIXE** 12 espetinhos de bambu na água prontos para ser usados. Faça o molho tarê: coloque o saquê, o shoyu, o mirin e o açúcar em uma panela pequena e deixe ferver. Diminua o fogo e apure, mexendo por uns 10 minutos até o molho se reduzir a um terço e engrossar ligeiramente. Retire do fogo e reserve.

2 **PREAQUEÇA** o forno em temperatura média. Ponha três pedaços de frango em 8 espetinhos. Cubra a área exposta do espeto com papel-alumínio para não queimar. Leve à grelha do forno por 3-4 minutos, vire e deixe por mais 2-3 minutos até dourarem. Diminua a temperatura ao mínimo.

3 **RETIRE** os espetinhos do forno, pincele com o molho tarê e recoloque-os no forno até o molho secar. Repita o processo 2-3 vezes até o frango ficar bem dourado.

4 **COLOQUE** 3 pedaços de quiabo e 2 talos de cebolinha em 4 espetinhos, alternando-os. Proteja a parte exposta do espetinho com papel-alumínio. Grelhe em temperatura baixa por 1-2 minutos de cada lado.

5 **ARRUME** um espetinho de legumes com 2 de frango alternadamente em cada um dos 4 pratos e salpique com o sanshô ou o pó de sete especiarias. Sirva quente com mais sanshô ou pó de sete especiarias e os quartos de limão, se desejar.

ALMÔNDEGAS DE FRANGO COM SOJA VERDE *TORI SHINJO TO EDAMAME*

RENDIMENTO: 4 PORÇÕES PREPARO: 15 MINUTOS COZIMENTO: 30 MINUTOS

Os pratos simples e pequenos predominam na culinária japonesa e podem ser servidos independentemente um após o outro, ou também podem aparecer combinados em um prato único. Esta receita é um exemplo típico do último tipo.

---

250 g de **carne de frango** moída bem fino

1 **ovo** pequeno batido

2 colheres (chá) de **açúcar**

1½ colher (chá) de **shoyu**

2 colheres (sopa) de **óleo vegetal**

sanshô em pó para salpicar

100 g de vagens de **soja verde** cozidas em água salgada

sal marinho grosso

MOLHO TARÊ:

6 colheres (sopa) de **mirin**

4 colheres (sopa) de **shoyu**

3 colheres (sopa) de **saquê**

1 **MISTURE** o frango, o ovo, o açúcar e o shoyu. Com as mãos úmidas, separe a mistura em 16 porções iguais e faça 16 bolinhas. Leve uma panela de água para ferver e cozinhe 4-5 bolinhos de cada vez em fogo médio, por 2 minutos, até ficarem firmes. Retire com uma escumadeira.

2 **FAÇA** o molho tarê: coloque o mirin, o shoyu e o saquê em uma panela pequena e deixe ferver. Diminua o fogo e apure por 7-8 minutos até o molho se reduzir a um terço e engrossar ligeiramente. Retire do fogo e reserve.

3 **AQUEÇA** o óleo em uma frigideira antiaderente em fogo médio. Junte as almôndegas de frango e frite por 5-6 minutos, virando de vez em quando, até ficarem ligeiramente douradas. Tire da panela e abaixe o fogo.

4 **MERGULHE** as almôndegas uma de cada vez no molho e leve à panela quente por 3-4 minutos até o molho secar. Repita o processo 2-3 vezes, até os bolinhos dourarem. Deixe esfriar e enfie duas almôndegas em cada um dos oito espetinhos. Polvilhe com um pouco de sanshô.

5 **ARRUME** 2 espetinhos e ¼ da soja verde em cada prato. Ponha um pouco de sal sobre a soja e sirva.

FRANGO FRITO COM MOLHO DE CEBOLINHA *TORI NO KARA-AGUE NEGI SOSU-AE*

RENDIMENTO: 4 PORÇÕES PREPARO: 15 MINUTOS MARINADA: 45 MINUTOS COZIMENTO: 25 MINUTOS

A fritura foi introduzida pela China, daí o nome desta receita, kara-ague ("fritura chinesa"). Hoje em dia, ele se popularizou como prato japonês.

---

1 colher (sopa) de **saquê**

1 colher (sopa) de **shoyu**

suco espremido de 2,5 cm de **gengibre** ralado

300 g de **coxas de frango** sem pele desossadas e cortadas em cubos de 4 cm

1 **ovo** batido

amido de milho para polvilhar

óleo vegetal para fritar

pimentão vermelho bem picado

ramos de **estragão** (opcional)

MOLHO DE CEBOLINHA:

2 talos de **cebolinha** bem picados

2 colheres (sopa) de **açúcar**

2 colheres (chá) de **óleo de gergelim**

2 colheres (sopa) de **saquê**

2 colheres (sopa) de **shoyu**

1 **MISTURE** o saquê e o shoyu com o suco de gengibre em uma tigela e adicione o frango. Esfregue o molho na ave e deixe marinar por 15 minutos. Junte o ovo e deixe por mais 15 minutos.

2 **PASSE** o frango temperado no amido de milho, tirando o excesso. Aqueça o óleo em uma fritadeira ou wok a 170°C. Frite o frango por 5-6 minutos, aos poucos, virando de vez em quanto, até dourar. Abaixe o fogo e frite por mais 3-4 minutos. Escorra e espere esfriar ligeiramente. Reaqueça o óleo a 170°C e faça o mesmo com as outras levas de frango.

3 **AQUEÇA** o óleo a 180°C e frite o frango por mais 1 minuto, até ficar bem crocante. Retire do óleo e escorra.

4 **PREPARE** o molho de cebolinha: coloque a cebolinha, o açúcar, o óleo de gergelim, o saquê e o shoyu em uma vasilha e misture bem. Arrume o frango em uma travessa e regue com o molho. Adicione o pimentão vermelho e os ramos de estragão, se for usá-los.

ROLINHOS DE FRANGO COM ASPARGOS *ASUPARAGASU NO SASAMI-MAKI*

RENDIMENTO: 4 PORÇÕES PREPARO: 35 MINUTOS COZIMENTO: 15 MINUTOS

A ave tem um papel importante na culinária japonesa há muito mais tempo que a carne vermelha. Também é um ingrediente versátil, e ao enrolá-la e recheá-la o preparo fica divertido e o resultado final é deslumbrante.

---

4 filés de **peito de frango** (uns 650 g de peso total)

5 colheres (sopa) de **saquê**

16 folhas de **shissô** ou de **manjericão**

6 **aspargos** limpos cortados ao meio e escaldados em um pouco de água salgada

2 colheres (sopa) de **óleo vegetal**

250 ml/1 copo de **dashi** (*veja p. 27*)

1 colher (sopa) de **açúcar**

1 colher (sopa) de **mirin**

4 colheres (sopa) de **shoyu**

2 colheres (chá) de **mostarda** em pó

sal marinho e **pimenta moída** na hora

alface-americana picada

1 **CORTE** cada filé ao meio na horizontal, deixando o lado mais comprido ainda preso, formando um bife achatado de uns 10 x 13 cm. Tempere e regue com 2 colheres (sopa) de saquê.

2 **ESPALHE** 4 folhas de shissô ou de manjericão sobre os filés e coloque 3 metades de aspargos sobre as folhas, alinhadas pelo lado mais curto. Enrole o frango bem apertado e prenda com um palito.

3 **AQUEÇA** o óleo em uma frigideira e frite os rolinhos de frango em fogo médio por 3-4 minutos, virando de vez em quando, até dourarem ligeiramente. Escorra em papel-toalha.

4 **ESQUENTE** o dashi, o açúcar, o mirin, ¼ de colher (chá) de sal e o resto do saquê em uma frigideira limpa, mexendo até o açúcar se dissolver. Junte os rolinhos de frango. Deixe ferver e apure em fogo médio por 5 minutos até o frango cozinhar. Escorra o frango e reserve o líquido. Corte cada rolinho em cinco partes na diagonal.

5 **COE** o líquido em uma panela e aqueça, depois adicione o shoyu e a mostarda, mexendo até a mostarda se dissolver.

6 **DISPONHA** uma camada de alface picada em cada prato, coloque os rolinhos de frango em cima e sirva com o molho de mostarda.

GALANTINE DE FRUTOS DO MAR *GYOKAI NO ZERI-YOSE*

RENDIMENTO: 4 PORÇÕES PREPARO: 25 MINUTOS, MAIS 8 HORAS PARA A GELATINA ENDURECER COZIMENTO: 25 MINUTOS

Os camarões, as vieiras, o quiabo e as nozes de gingko são dispostos de forma atraente em gelatina salgada, criando um belo prato festivo, que deve ser preparado de véspera.

---

6 **camarões grandes** crus, com a casca e limpos (*veja p. 19*)

7 colheres (sopa) de **saquê**

1 colher (chá) de **sal marinho**

8 **vieiras** sem conchas

350 ml/1½ copo de **caldo de galinha**

½ colher (chá) de **kanten** em pó

4 colheres (chá) de **shoyu** claro

4½ colheres (chá) de **gelatina** em pó umedecida em 3 colheres (sopa) de água

100 ml/½ copo de **dashi** (*veja p. 27*)

1 colher (sopa) de **mirin**

1 colher (sopa) de **vinagre de arroz**

8 **quiabos** limpos cozidos e cortados em pedaços de 1 cm

12 **nozes de gingko** ou **macadâmias** (opcional)

wassabi em pasta para servir

uma tira de casca de **pepino** (opcional)

1 **COLOQUE** os camarões em uma panela, adicione 5 colheres (sopa) de saquê e ½ colher (chá) de sal. Tampe e abafe em fogo médio por 2 minutos. Junte as vieiras e cozinhe com a panela tampada por mais 2-3 minutos. Retire do fogo. Tire as cascas dos camarões e fatie em pedaços de 1 cm de comprimento. Corte as vieiras em 3-4 pedaços.

2 **PARA** fazer a gelatina, esquente o caldo de galinha em fogo médio e acrescente o kanten. Abaixe o fogo e apure lentamente, mexendo, por 3 minutos, até o kanten se dissolver. Tempere com o resto do saquê e 1 colher (chá) de shoyu, retire do fogo e junte a gelatina umedecida. Mexa bem até a gelatina se dissolver e deixe esfriar.

3 **AQUEÇA** o dashi em uma panela em fogo médio até amornar, tempere com o mirin, o resto do shoyu e do sal e o vinagre de arroz. Retire do fogo e reserve.

4 **ARRUME** ¼ dos camarões, vieiras, quiabos e nozes de gingko, se for usar, em quatro tigelas de sopa e despeje a gelatina sobre os ingredientes. Leve à geladeira pelo menos por 4 horas ou de véspera, até endurecer bem. Para desenformá-la, mergulhe as tigelas em água quente, tampando-as com um prato. Vire a tigela sobre o prato. Bata no fundo da tigela para a gelatina se soltar. Coloque o molho de dashi por cima e sirva com o wassabi em pasta dentro de uma tira de pepino, se quiser.

VIEIRAS NO MOLHO TARÊ COM SALADA DE PEPINO *HOTATE NO TARE-YAKI TO SUNOMONO*

RENDIMENTO: 4 PORÇÕES PREPARO: 20 MINUTOS COZIMENTO: 15 MINUTOS

Adoçado com açúcar ou mirin, o clássico molho tarê dá um maravilhoso brilho dourado aos frutos do mar e à carne e enriquece seu sabor quando grelhados.

---

12 **vieiras** grandes sem conchas

3 colheres (sopa) de **saquê**

uma pitada de **sal marinho**

sanshô em pó para salpicar

sementes de romã (opcional)

MOLHO TARÊ:

3 colheres (sopa) de **shoyu**

3 colheres (sopa) de **mirin**

SALADA ÁCIDA:

⅓ de **pepino** cortado em meias-luas com um pouco de sal

2 colheres (sopa) bem cheias de **wakame** seco mergulhado em água fervente por 5 minutos

2 colheres (sopa) de **vinagre de arroz**

½ colher (sopa) de **açúcar**

½ colher (sopa) de **shoyu**

½ colher (sopa) de **mirin**

1 cm de **gengibre** descascado em tiras bem finas

1 **COLOQUE** as vieiras em uma panela e junte o saquê e o sal. Tampe e abafe-as em fogo médio por 3-4 minutos. Retire a panela do fogo e deixe esfriar. Faça cortes em xadrez dos dois lados das vieiras.

2 **PREPARE** o molho tarê: misture o shoyu e o mirin em uma panela pequena. Deixe ferver, diminua o fogo e apure por 5-6 minutos, até o molho se reduzir pela metade e engrossar.

3 **ASSE** as vieiras na grelha do forno preaquecido em temperatura baixa, por 1 minuto de cada lado. Pincele o molho tarê nos dois lados e recoloque no forno por 1 minuto até secar. Repita o processo. Retire as vieiras da grelha e mantenha-as quentes.

4 **ESPREMA** o excesso de líquido do pepino e do wakame e misture-os. Coloque o vinagre de arroz, o açúcar, o shoyu e o mirin em uma tigela e mexa bem. Despeje esse molho sobre o pepino e misture com delicadeza.

5 **ARRUME** três vieiras em cada prato, salpique com o sanshô e enfeite com sementes de romã, se desejar. Ponha o gengibre sobre a salada de pepino e sirva as vieiras.

CAVALA FRITA COM CABOTIÁ NO VAPOR

SABA NO TATSUTA-AGE TO MUSHI KABOCHA

RENDIMENTO: 4 PORÇÕES PREPARO: 20 MINUTOS MARINADA: 30 MINUTOS COZIMENTO: 35 MINUTOS

A cavala é a pedra preciosa de todos os peixes: é deliciosa, relativamente barata e disponível no mundo todo em qualquer época do ano. Este método de fritar e temperar com shoyu e gengibre é chamado de tatsuta-aguê. A cavala pode ser substituída por frango.

---

2 filés de **cavala** (uns 300 g no total) em pedaços de 1 cm de espessura

¼ de **abóbora cabotiá** pequena em cubos de 2,5 cm ou em pedaços triangulares

farinha de trigo para polvilhar

óleo vegetal para fritar

sal marinho grosso

quartos de **limão**

ramos de **hortelã** (opcional)

MARINADA DE GENGIBRE:

2 colheres (sopa) de **shoyu**

2 colheres (sopa) de **mirin**

2,5 cm de **gengibre** descascado e ralado

1 PARA fazer a marinada de gengibre, misture o shoyu, o mirin e o gengibre em uma tigela pequena. Espalhe sobre o peixe e deixe marinar por uns 30 minutos.

2 COLOQUE a abóbora no vapor em fogo médio por 12 minutos até amolecer, sem cozinhar demais. Retire do fogo e reserve, ainda tampada, por mais uns 5 minutos. Destampe e deixe esfriar.

3 PASSE os pedaços de cavala na farinha, um por um, até recobrir bem, e sacuda para tirar o excesso.

4 AQUEÇA o óleo em uma fritadeira ou wok até 170ºC. Coloque o peixe no óleo quente, poucos pedaços de cada vez. Frite por 2-3 minutos até dourar, virando uma ou duas vezes. Retire do óleo e escorra em papel-toalha.

5 DISTRIBUA a cavala e a abóbora em quatro pratos. Tempere a abóbora com sal e adicione quartos de limão e ramos de hortelã, se desejar.

SARDINHAS FRITAS MARINADAS EM MOLHO PICANTE *IWASHI NO NANBAN-ZUKE*

RENDIMENTO: 4 PORÇÕES PREPARO: 15 MINUTOS MARINADA: 30 MINUTOS COZIMENTO: 15 MINUTOS

Nanban *significa "bárbaros do sul", termo usado para os estrangeiros no Japão do século 17. Mais tarde, qualquer influência estrangeira, especialmente as originárias da Europa, passou a ser denominada* nanban, *como este prato, devido ao uso da pimenta e ao fato de ser uma fritura.*

---

8 **sardinhas** (uns 450 g no total) limpas

farinha de trigo para polvilhar

óleo vegetal para fritar

1 **cebola** em rodelas

½ **pimentão vermelho** e ½ **pimentão amarelo** limpos e cortados em semicírculos

1-2 talos de **aipo** cortados em tiras na diagonal

1 **pimenta-calabresa** seca (sem sementes) de molho em água morna e cortada em rodelinhas

ramos de **agrião**

MOLHO NANBAN:

150 ml/$^{2}/_{3}$ de copo de **vinagre de arroz**

150 ml/$^{2}/_{3}$ de copo de **shoyu**

70 ml/$^{1}/_{3}$ de copo de **dashi** (*veja p. 27*)

2 colheres (sopa) de **açúcar**

2 colheres (sopa) de **saquê**

1 **PREPARE** o molho nanban colocando o vinagre, o shoyu, o dashi, o açúcar e o saquê em uma panela. Deixe ferver em fogo médio. Retire do fogo e despeje em uma tigela grande ou travessa funda.

2 **PASSE** as sardinhas na farinha, uma de cada vez, até recobrir bem, e sacuda para tirar o excesso.

3 **AQUEÇA** o óleo na fritadeira ou na wok a 170°C. Ponha as sardinhas no óleo quente e frite em levas por 4-5 minutos, até ficarem crocantes. Tire com uma escumadeira e ponha imediatamente no molho nanban quente.

4 **JUNTE** a cebola, os pimentões, o aipo e a pimenta ao molho, regue as sardinhas com ele e deixe marinar pelo menos por 30 minutos.

5 **RETIRE** as sardinhas do molho nanban. Coloque 2 unidades em cada prato e regue com o molho nanban e os legumes. Decore com ramos de agrião e sirva.

CAMARÕES DOURADOS *EBI NO KIMI-SOBORO AGE*

RENDIMENTO: 4 PORÇÕES PREPARO: 20 MINUTOS, MAIS 1 HORA PARA SECAR COZIMENTO: 20 MINUTOS

Os camarões são cobertos com grãos delicados de gema cozida que lhe dão uma linda aparência dourada. Embora trabalhoso, não é um prato difícil, e vale a pena preparar para ocasiões especiais. Os grãos de gema podem ser feitos com alguns dias de antecedência. A combinação exótica de molho de framboesa e camarões é perfeita.

---

4 **gemas** bem cozidas

óleo vegetal para a fritura

20 **camarões** grandes cozidos em água fervente por 3-4 minutos (depois descasque, deixando as caudas)

amido de milho para polvilhar

1 **clara** batida e peneirada

MOLHO DE FRAMBOESA:

10 **framboesas**

2 colheres (sopa) de **saquê**

1 colher (sopa) de **mirin**

1 colher (chá) de **açúcar**

1 **PREAQUEÇA** o forno na temperatura mais baixa. Rale as gemas sobre uma assadeira grande forrada com papel-alumínio. Espalhe em camada fina. Ponha a fôrma na grade mais baixa do forno e seque as gemas vagarosamente por 1 hora. Retire do forno e deixe secar até a hora de usar.

2 **ESQUENTE** o óleo em uma fritadeira ou wok até 160°C. Segure os camarões pelo rabo, mergulhe apenas o corpo no amido de milho, tire o excesso e passe-os na clara. Salpique com os grãos de gema e pressione ligeiramente para recobri-los bem. Frite no óleo quente, em levas, por 1 minuto – não deixe dourar. Retire com uma escumadeira e escorra em papel-toalha.

3 **FAÇA** o molho de framboesa: coloque-as em uma panela pequena, com o saquê, o mirin e o açúcar, e leve ao fogo médio. Esmague as framboesas com o dorso da colher para deixar o molho mais homogêneo. Apure em fogo brando por 3 minutos até o molho se reduzir a ⅓. Passe numa peneira fina e jogue fora as sementes.

4 **ARRUME** cinco camarões dourados em cada prato, faça uma espiral de molho de framboesa ao redor e sirva.

ROLINHOS DE OVO COM FLORES DE RABANETE *EBI NO TAMAGO-MAKI TO KABU NO HANA*

RENDIMENTO: 4 PORÇÕES PREPARO: 35 MINUTOS COZIMENTO: 15 MINUTOS

A omelete fina de ovo não é apenas útil para envolver o alimento, mas também empresta uma cor forte ao prato. Talvez seja necessário praticar um pouco antes de conseguir a perfeição, mas se a omelete se quebrar, poderá ser picada e usada como guarnição ou posta em uma salada.

---

300 g de **camarões grandes** bem picados

2 talos de **cebolinha** bem picados

½ colher (chá) de **sal marinho**

2 colheres (chá) de **saquê**

1 **clara** batida

2 **omeletes japonesas** finas (*veja p. 31*)

amido de milho misturado com um pouco de água, formando uma pasta

12 **flores de rabanete em conserva** (*veja p. 20*)

folhas de **mitsuba** ou **agrião**

1 **ESMAGUE** os camarões com o moedor e o pilão japoneses (*veja p. 23*) ou o processador até se formar uma pasta suave. Coloque-a em uma tigela com a cebolinha, o sal, o saquê e a clara e misture bem com um garfo.

2 **APARE** cerca de 1 cm dos dois lados de uma omelete, fazendo 2 lâminas quadradas, e coloque sobre um pano fino ou um pano de prato. Espalhe metade da mistura de camarão por igual sobre a lâmina, deixando 2,5 cm livres na beirada. Pegue o pano do lado mais próximo a você e enrole o mais apertado possível para o outro lado. Sele com a pasta de amido de milho e enrole no pano. Repita o procedimento com a outra lâmina e a mistura de camarão.

3 **COLOQUE** os rolinhos de camarão em um prato e leve ao vapor em fogo médio por 15 minutos. Retire-os do fogo, remova o pano e corte em rodelas de 1 cm de espessura.

4 **ESCORRA** as flores de rabanetes em papel-toalha. Pique um pouco da sobra da omelete e ponha no centro para simular o "pólen". Arrume ¼ dos rolinhos em cada prato e sirva com a flor de rabanete e as folhas de mitsuba ou agrião.

BOLINHOS DE TOFU COM CAMARÃO *HIRYOZU*

RENDIMENTO: 4 PORÇÕES PREPARO: 30 MINUTOS
SECAGEM DO TOFU: 30 MINUTOS COZIMENTO: 25 MINUTOS

Este prato é originário de Portugal, por isso o nome incomum de hiriozu, que vem de uma palavra portuguesa para um tipo de bolinho frito. Também é denominado ganmodoki, que significa "parecido com um ganso", por sua textura e aparência.

---

1 **tofu firme** (uns 300 g)

100 g de **camarões** crus descascados e bem picados

15 g de **cogumelos pretos chineses** escorridos e picados em tiras finas depois de ficar de molho em água morna por 15 minutos

½ **cenoura** pequena descascada e picada em tiras finas

1½ colher (sopa) de **amido de milho** misturado com 1 colher (sopa) de água, formando uma pasta

½ **ovo** batido

sal marinho

1 colher (chá) de **shoyu** suave, mais um pouco para servir

2 colheres (chá) de **mirin**

1½ colher (sopa) de **gergelim**

óleo vegetal para fritar

12 **nozes de gingko** enlatadas ou 12 macadâmias

folhas de **manjericão**

5 cm de **nabo** descascado e ralado para servir

1 **COLOQUE** o tofu sobre uma tábua na pia e ponha outra tábua sobre o tofu com um peso em cima. Deixe por 30 minutos para tirar o excesso de água.

2 **ESMAGUE** os camarões com o moedor e o pilão japoneses (*veja p. 23*) ou o processador até obter uma pasta uniforme. Junte o tofu e misture bem.

3 **COZINHE** os cogumelos pretos chineses e a cenoura em água fervente em fogo médio por 1-2 minutos. Escorra.

4 **PONHA** a pasta de amido e o ovo na mistura de tofu, tempere com sal, shoyu e mirin. Junte os cogumelos, a cenoura e o gergelim. Mexa com uma espátula de madeira.

5 **SEPARE** a mistura em 12 partes. Unte as palmas das mãos com óleo e faça bolinhos do tamanho de uma bola de golfe. Coloque uma noz de gingko ou macadâmia no centro de cada um.

6 **AQUEÇA** o óleo em uma fritadeira ou wok até 150°C. Frite os bolinhos, poucos de cada vez, por 4-5 minutos, até dourarem. Escorra em papel-toalha.

7 **FORRE** as tigelas com folhas de manjericão e coloque 3 bolinhos em cada uma. Sirva com o nabo ralado e um pouco de shoyu à parte.

TERRINA DE CAMARÃO COM OVO

TAMAGO SHINJO TO HASU NO AMASU-ZUKE

RENDIMENTO: 4 PORÇÕES PREPARO: 35 MINUTOS MARINADA: UMA NOITE COZIMENTO: 45 MINUTOS

Os três ingredientes – um do mar, um do campo e um da montanha – arrumados em um prato compõem um kaiseki *tradicional (refeição com vários pratos japoneses de culinária sofisticada).*

---

9 **camarões** grandes com a casca limpos (*veja p. 19*)

225 g de **camarões** crus bem picados

1 **ovo** e 3 **gemas**

½ colher (sopa) de **mirin**

sal marinho

2 colheres (sopa) de **feijão-vermelho**

ramos de **shissô vermelho** (opcional)

flores de **raiz de lótus** (*veja p. 20*) para servir (opcional)

80 g de **ervilhas-tortas** cozidas em água salgada por 1 minuto, escorridas e secas, para servir

1 **COZINHE** os camarões em água ligeiramente salgada em fogo médio por 4 minutos, escorra e descasque-os. Reserve.

2 **ESMAGUE** os camarões com o moedor e o pilão japoneses (*veja p. 23*) ou o processador até obter uma pasta uniforme. Bata o ovo e uma das gemas e adicione à pasta com o mirin e sal a gosto. Continue a bater. Junte o feijão e misture bem para ele se espalhar por igual na massa.

3 **PONHA** a mistura de camarões em uma vasilha refratária de uns 12 cm de comprimento por 7,5 cm de largura e 5 cm de profundidade, deixe no vapor em fogo médio por 25 minutos, até endurecer. Retire do fogo. Bata as 2 outras gemas e despeje na terrina. Arrume os camarões em cima. Leve a terrina ao vapor por mais uns 7 minutos e deixe esfriar.

4 **DESENFORME** a terrina de camarão com ovo e, com cuidado, corte em quatro pedaços. Adicione raminhos de shissô vermelho, se desejar, e sirva com a ervilha-torta e as flores de raiz de lótus.

TRÊS PASTAS COM LEGUMES FRESCOS

NAMA YASAI NO DIPPU SANSHU

RENDIMENTO: **4** PORÇÕES PREPARO: **40** MINUTOS COZIMENTO: **15** MINUTOS

Estas três pastas ganham uma aparência maravilhosa quando servidas com uma variedade de palitos de legumes frescos como pepino, aipo, cenoura e champignons.

---

185 ml/¾ de copo de **leite de soja**

sal marinho

uma variedade de **legumes** frescos

PASTA DE CABOTIÁ COM MISSÔ:

¼ de **abóbora cabotiá** pequena

1½ colher (sopa) de **missô**

PASTA DE TOFU COM GERGELIM:

3 colheres (sopa) de **gergelim branco** tostado

150 g de **tofu firme** picado

1 colher (chá) de **açúcar**

1 colher (chá) de **gergelim preto**

algumas gotas de óleo de **pimenta** (opcional)

PASTA DE ABACATE COM WASSABI:

½ **abacate** pequeno picado

1 colher (sopa) de **suco de limão**

1-2 colheres (chá) de **wassabi** em pasta

1 **PREPARE** a pasta de cabotiá deixando-a no vapor em fogo médio por 15 minutos. Retire do fogo e deixe esfriar. Raspe a polpa e jogue a casca. Esmague a polpa no moedor japonês (*veja p. 23*) ou no processador até se formar uma pasta uniforme. Junte o missô e 5 colheres (sopa) de leite de soja. Ponha em uma tigela.

2 **PARA** fazer a pasta de tofu, esmague o gergelim claro no moedor japonês ou no moedor elétrico. Junte o tofu e continue a bater. Adicione 3 colheres (sopa) de leite de soja e o açúcar, tempere com sal a gosto. Acrescente o gergelim, reservando um pouco para decorar, e algumas gotas de óleo de pimenta, se for usar. Ponha em uma tigela e salpique com o resto do gergelim.

3 **PREPARE** a pasta de abacate: passe-o no moedor japonês ou processador e bata até obter um creme uniforme. Junte o suco de limão, o resto do leite de soja, o wassabi e o sal a gosto. Ponha em uma tigela.

4 **PREPARE** vários palitos de legumes e cogumelos, arrume em uma travessa e sirva com as pastas.

TOFU FRITO COM MOLHO DE DASHI *AGEDASHI DOFU*

RENDIMENTO: 4 PORÇÕES PREPARO: 20 MINUTOS, MAIS 30 MINUTOS PARA ESCORRER COZIMENTO: 15 MINUTOS

Este prato delicioso com tofu é um dos mais populares em restaurantes japoneses de todo o mundo. Os vegetarianos podem usar caldo de legumes em vez de dashi.

---

2 **tofus firmes** (uns 600 g no total)

3 colheres (sopa) de **farinha de trigo**

3 colheres (sopa) de **amido de milho**

óleo vegetal para fritar

5 cm de **nabo** descascado e ralado

2,5 cm de **gengibre** descascado e ralado

1 talo de **cebolinha** bem picado

4 ramos de **dill** (opcional)

MOLHO DE DASHI:

6 colheres (sopa) de **dashi** (*veja p. 27*)

3 colheres (sopa) de **shoyu**

2 colheres (chá) de **açúcar**

1 **PONHA** os tofus lado a lado em uma tábua sobre a pia e coloque outra tábua em cima ou um prato com um peso. Deixe por 30 minutos para tirar o excesso de água.

2 **RETIRE** a tábua ou o prato de cima e corte cada tofu em 4 cubos grandes. Misture a farinha e o amido de milho em um prato, passe o tofu na mistura e tire o excesso.

3 **AQUEÇA** o óleo em uma fritadeira ou wok a 180°C. Coloque 2 pedaços de tofu no óleo quente e frite em fogo médio por 3-4 minutos, virando algumas vezes, até ficar ligeiramente dourado. Retire o tofu com uma escumadeira e escorra em papel-toalha. Repita o processo com os outros pedaços.

4 **PREPARE** o molho de dashi: coloque o dashi, o shoyu e o açúcar em uma panela e aqueça em fogo médio até o açúcar se dissolver. Retire do fogo e despeje em quatro tigelas. Ponha 2 pedaços de tofu em cada tigela e cubra com um pouco de nabo e gengibre. Junte a cebolinha e o dill, se for usar, e sirva quente.

MISSOSHIRU DE ABÓBORA COM TOFU E ERVILHA-TORTA *TOFU TO KINUSAYA NO KABOCHA MISOSHIRU*

RENDIMENTO: 4 PORÇÕES PREPARO: 20 MINUTOS COZIMENTO: 20 MINUTOS

O sabor cremoso da abóbora propicia densidade ao simples missoshiru, tornando-o um prato digno de figurar em uma festa. Esta sopa também pode ser servida em um jantar ocidental.

---

250 g de **abóbora** (moranga, abóbora-menina, cabotiá) limpa

20 g de **ervilhas-tortas** limpas e cortadas na diagonal

4 colheres (sopa) de **missô**

420 ml/1²/₃ de **dashi** (*veja p. 27*)

100 g de **tofu macio** em cubos pequenos

sal marinho

5 cm de talo de **cebolinha** (apenas a parte verde) bem picadinho

1 **COZINHE** a abóbora no vapor em fogo médio por 15 minutos até ficar tenra. Retire do fogo e deixe esfriar no vapor, ainda tampada.

2 **FERVA** a ervilha-torta em água ligeiramente salgada por 1 minuto até ficar tenra. Retire do fogo, escorra e passe em água fria corrente para resfriar rapidamente. Reserve.

3 **RETIRE** apenas a polpa da abóbora, ponha no moedor japonês (*veja p. 23*) ou no processador e bata até virar um purê. Ponha numa tigela grande, junte o missô e misture bem.

4 **AQUEÇA** o dashi em uma panela até ficar morno e aos poucos adicione a mistura de abóbora e missô, 2-3 conchas de cada vez. Leve ao fogo médio até chegar ao ponto de fervura. Ponha o tofu na sopa e, quando chegar perto do ponto de fervura, tire a panela imediatamente do fogo.

5 **DISTRIBUA** a sopa em 4 tigelas e da mesma forma as ervilhas-tortas em fatias. Sirva quente, com a cebolinha picada por cima.

MISSOSHIRU DE ABACATE COM TOMATE E NABO *TOMATO TO KABU NO ABOKADO MISOSHIRU*

RENDIMENTO: 4 PORÇÕES PREPARO: 15 MINUTOS COZIMENTO: 10 MINUTOS

A ideia de cozinhar o abacate pode parecer um pouco moderna demais, mas, quando misturado ao missoshiru simples, proporciona textura sedosa e um tom de verde-claro sutil. Sirva quente ou frio.

---

2 **nabos redondos** pequenos

400 ml/1 2/3 de copo de **dashi** (*veja p. 27*)

1/2 **abacate** maduro picado

1 colher (sopa) de **suco de limão**

4 colheres (sopa) de **missô**

2 **tomates**

cebolinha bem picada

1 CORTE os nabos ao meio no sentido da largura e depois cada metade em quatro, fazendo 16 pedaços pequenos. Coloque o dashi e os nabos em uma panela e cozinhe em fogo médio por 5 minutos, até ficarem tenros. Abaixe o fogo para o mínimo e mantenha a sopa quente.

2 COLOQUE o abacate no moedor japonês (*veja p. 23*) ou no processador e bata até ficar cremoso. Junte o suco de limão e o missô e misture bem. Ponha no dashi e mexa bem.

3 MERGULHE os tomates em água fervente por 30 segundos e passe imediatamente em água fria (eles descascarão com mais facilidade). Retire a pele e as sementes e corte em pedaços semelhantes ao tamanho dos nabos. Junte ao missoshiru.

4 LEVE a sopa ao ponto de fervura e tire do fogo. Ponha 2-3 conchas da sopa em 4 tigelas. Sirva enfeitada com a cebolinha.

SOPA DE LEGUMES VARIADOS

KENCHIN JIRU

RENDIMENTO: 4 PORÇÕES PREPARO: 20 MINUTOS COZIMENTO: 12 MINUTOS

Esta é uma sopa familiar tradicional, substanciosa e saudável, feita com tofu, konnyaku, cenoura e inhame, mas outros legumes podem ser usados, ou até mesmo carne.

---

2 **cogumelos shitake** desidratados deixados de molho em 250 ml/1 copo de água quente por 30 minutos

½ **konnyaku** (uns 125 g) (opcional)

2 **inhames** descascados e cortados em rodelas de 2,5 cm ou em meias-luas se forem grandes

1 colher (sopa) de **óleo de gergelim**

1 colher (sopa) de **óleo vegetal**

½ **cenoura** cortada em fatias finas na diagonal

½ **nabo redondo** descascado em tiras de 5 cm

460 ml/2 copos rasos de **dashi** (*veja p. 27*)

100 g de **tofu firme** cortado em cubos de 2,5 cm

1 **aguê** (tofu frito) cortado ao meio e depois em tiras finas

1 colher (sopa) de **shoyu**

1 colher (chá) de **sal marinho**

1 talo de **cebolinha** (apenas a parte verde) bem picado

1 **ESCORRA** os cogumelos, reservando o líquido, e corte-os em tiras. Se for usar, parta o konnyaku em pedaços pequenos com uma colher de chá.

2 **ENXÁGUE** o amido do inhame, escorra e seque em papel-toalha.

3 **AQUEÇA** uma panela grande ou wok em fogo médio. Ponha o óleo de gergelim e o vegetal e refogue em fogo alto a cenoura, o nabo, o shitake e o konnyaku, se for usá-lo, durante 1-2 minutos.

4 **ADICIONE** à panela o líquido do shitake e o dashi e deixe ferver. Abaixe o fogo e acrescente o inhame, o tofu e o aguê. Tempere com o shoyu e o sal e continue a cozinhar em fogo médio por mais 5 minutos ou até todos os legumes ficarem tenros.

5 **RETIRE** do fogo e sirva a sopa em tigelas, salpicando a cebolinha picada por cima.

SOPA CREMOSA DE OVO SALGADO

CHAWAN-MUSHI

RENDIMENTO: 4 PORÇÕES PREPARO: 15 MINUTOS COZIMENTO: 20 MINUTOS

O chawan-mushi ("tigela ao vapor") é uma sopa de ovos com vários ingredientes. É muito vistosa, mas fácil de fazer, portanto é excelente tanto para festas quanto para refeições familiares. Quando servida bem simples, sem os ingredientes adicionais, é perfeita para os bebês e os idosos.

---

450 ml/2 copos rasos de **dashi** (*veja p. 27*)

½ colher (chá) de **sal marinho**

1 colher (chá) de **mirin**

2 colheres (chá) de **shoyu**

1 colher (chá) de **saquê**

150 g de filé de **peito de frango** em fatias finas

4 **camarões** grandes crus, descascados e limpos (*veja p. 19*)

3 **ovos** batidos

4 **cogumelos shitake** pequenos sem os talos

12 **nozes de gingko** ou **macadâmias**

4 ramos verdes como de **mitsuba**, **manjericão** ou **hortelã**

1 **AQUEÇA** bem o dashi em uma panela com o sal, o mirin e 1 colher (chá) de shoyu. Tire a panela do fogo e deixe esfriar.

2 **DESPEJE** metade do saquê e o resto do shoyu sobre o frango, espalhe o tempero e reserve. Regue os camarões com o resto do saquê.

3 **PASSE** os ovos em uma peneira fina sobre uma tigela grande. Coloque o dashi frio e misture bem.

4 **ARRUME** ¼ do frango, 1 camarão, 1 shitake e 3 nozes de gingko ou macadâmias em cada tigela de sopa ou caneca e, com cuidado, despeje 2-3 conchas da mistura de dashi e ovo em cada uma.

5 **PONHA** as tigelas sobre uma panela a vapor, cubra-as com um pano de prato e tampe parcialmente a panela. Dobre as pontas do pano de prato para cima sobre a tampa, para não queimar. Deixe no vapor por 2 minutos em fogo médio, abaixe o fogo e deixe por mais 15 minutos. Verifique o cozimento algumas vezes, tomando cuidado para que não se formem bolhas na superfície.

6 **RETIRE** as tigelas do fogo e adicione raminhos verdes. Sirva quente no inverno ou gelada no verão.

SOPA CLARA COM SOMEN E VÔNGOLES

HAMAGURI TO SOMEN NO SUMASHI-JIRU

RENDIMENTO: 4 PORÇÕES PREPARO: 15 MINUTOS
DEMOLHA: 20 MINUTOS COZIMENTO: 10 MINUTOS

O umami ("sabor gostoso"), conhecido como o quinto sabor, depois de doce, ácido, salgado e amargo, só foi reconhecido mundialmente há pouco tempo. O kombu e os vôngoles são umami, portanto esta sopa é um ótimo exemplo.

---

5 cm de **kombu** seco

2 colheres (sopa) de **saquê**

4 **vôngoles** grandes ou 24 pequenos nas conchas

um punhado de **macarrão somen** (uns 90 g)

70 g de **cogumelos shimeji** limpos

½ colher (chá) de **sal marinho**

½ **tofu macio** (uns 150 g) cortado em 8 cubos

ramos de **mitsuba** ou um punhado de **agrião**

1 **LIMPE** o kombu com um pano úmido ou papel-toalha, ponha em uma panela com 450 ml/2 copos rasos de água e o saquê e deixe de molho por uns 20 minutos.

2 **ESFREGUE** as conchas dos vôngoles com uma escova de aço e lave em água fria corrente. Jogue fora os vôngoles abertos que não se fecharem quando manipulados.

3 **COZINHE** o somen em água fervente seguindo as instruções da embalagem; escorra e passe em água fria. Troque a água algumas vezes e escorra novamente. Distribua o macarrão nas 4 tigelas de sopa.

4 **ADICIONE** os vôngoles à panela de kombu com água e deixe ferver em fogo alto. Retire o kombu e abaixe o fogo. Com uma concha, tire a espuma que se formar na superfície e cozinhe por 2-3 minutos, até os vôngoles se abrirem (jogue fora os que se mantiverem fechados). Junte o shimeji, o sal e o tofu. Quando o tofu estiver quente, retire a panela do fogo.

5 **DECORE** cada tigela com 1 vôngole grande ou 6 pequenos, 2 cubos de tofu e algumas hastes de shimeji. Coloque 2 conchas de caldo em cada uma. Enfeite com folhas de mitsuba ou de agrião e sirva quente.

SUSHI MOLDADO NA MÃO

NIGIRI ZUSHI

RENDIMENTO: 4 PORÇÕES PREPARO: 30 MINUTOS

Os fatores mais importantes ao fazer o niguiri são a temperatura e a textura correta do arroz, para que o bolinho possa ser segurado com facilidade e, mesmo assim, o arroz se solte dentro da boca.

---

1 **omelete japonesa** grossa *(veja p. 31)*

4 **camarões** grandes cozidos e descascados abertos pelas costas

1½ colher (chá) de **mirin**

150 g de filé de **atum** ou de **salmão** sem a pele *(veja p. 19)*

1½ colher (chá) de **vinagre balsâmico**

½ receita de **Arroz de sushi** *(veja p. 24)*

4 tiras de **nori** (0,5 x 10 cm)

2½ colheres (chá) de **wassabi** em pasta

1-2 colheres (chá) de **caviar preto** (qualquer tipo)

1 colher (chá) de **maionese**

¼ de **cebola roxa** pequena bem picada

folhas de **shissô** (opcional)

conserva de **gengibre** *(veja p. 28)* para servir

shoyu para servir

1 **CORTE** a omelete no sentido da largura em 4 pedaços retangulares, cada um medindo uns 5 x 7,5 x 0,5 cm. Pincele os camarões com um pouco de mirin.

2 **FATIE** o peixe com cuidado, cortando quatro pedaços de tamanhos semelhantes aos da omelete, e pincele com um pouco de vinagre balsâmico.

3 **MOLDE** uma colherada de arroz de sushi em um bolinho retangular de 1 x 4 x 1 cm com as mãos úmidas. Repita o processo, obtendo 12 peças.

4 **CUBRA** 4 peças com a omelete e amarre-as com uma tira de nori. Ponha um pouco de wassabi em pasta sobre os outros bolinhos. Cubra 4 peças com o camarão e enfeite com um pouco de caviar em cima.

5 **PONHA** o atum nas outras 4 peças. Misture ½ colher (chá) de wassabi na maionese e coloque sobre o atum, adicionando tirinhas de cebola roxa.

6 **ARRUME** algumas folhas de shissô sobre cada prato, se for usar, e coloque um niguiri de cada tipo. Sirva com gengibre em conserva e shoyu.

HOSSOMAKI

HOSO-MAKI

RENDIMENTO: 4 PORÇÕES PREPARO: 45 MINUTOS

Este rolinho fino é um bom ponto de partida para o preparo de sushi. Nesta receita, o recheio é cortado em palitos finos por motivos estéticos.

1½ folha de **nori** de 20 x 18 cm (a folha inteira cortada ao meio)

½ receita de **Arroz de sushi** (*veja p. 24*)

1 colher (chá) de **wassabi** em pasta

7,5 cm de **pepino** sem sementes cortado em palitos finos

5 cm de **nabo em conserva** (tsukemono) cortado em palitos finos

2 fatias de **salmão defumado** cortado em tiras finas

conserva de gengibre (*veja p. 28*)

shoyu para servir

1 **COLOQUE** uma esteirinha de bambu (*veja p. 23*) paralela a você sobre a mesa e estenda meia folha de nori no sentido da largura. Com as mãos úmidas, espalhe ⅓ do arroz de sushi em uma camada uniforme sobre o nori, deixando 2,5 cm livres na margem.

2 **PONHA** uma pequena quantidade de wassabi em pasta em uma linha horizontal no centro do arroz. Espalhe o pepino sobre o wassabi em uma camada de aproximadamente 1 cm de espessura.

3 **PEGUE** a esteirinha na parte mais próxima de você e enrole, mantendo o pepino no centro com as mãos. Erga a parte superior da esteira e enrole o rocambole de arroz sobre o resto do nori. Pressione delicadamente para dar um belo formato quadrado.

4 **PONHA** o rolinho numa travessa, com o lado do acabamento da alga para baixo.

5 **FAÇA** mais um rolinho da mesma forma, usando o nabo em conserva, mas sem wassabi, depois outro de salmão defumado com wassabi. Com uma faca molhada, corte cada rolinho em 8 rodelas e arrume 2 pedaços de cada um, com o lado cortado para cima, em cada prato. Sirva com a conserva de gengibre e o shoyu.

MAKEZUSHI/FUTOMAKI

FUTO-MAKI

RENDIMENTO: 4 PORÇÕES PREPARO: 45 MINUTOS

Com cinco recheios de várias cores, este é um lindo sushi para festas, mas requer um pouco de prática até que se consiga fazer um rolo perfeito.

---

250 g de **espinafre japonês** (horenssô) ou comum escaldado em água ligeiramente salgada escorrido e espremido para tirar o excesso de água

3 colheres (sopa) de **shoyu**, mais um pouco para servir

5-6 **cogumelos shitake** desidratados deixados de molho em 1 copo de água quente por 30 minutos

2 colheres (sopa) de **açúcar**

2 colheres (sopa) de **mirin**

1 **cenoura** descascada e cortada em palitos de 2,5 cm

3 folhas de **nori** (20 x 18 cm)

uma receita de **Arroz de sushi** (*veja p. 24*)

6 **camarões** grandes cozidos com palito (*veja p. 19*)

1 **Omelete japonesa** grossa (*veja p. 31*) cortada em palitos grossos

conserva de gengibre (*veja p. 28*) para servir

1 **ESPALHE** 2 colheres (chá) de shoyu sobre o espinafre cozido e reserve.

2 **ESCORRA** o shitake, reserve o líquido e corte-o em tiras finas. Ponha o líquido em uma panela pequena com 1 colher (sopa) de shoyu, 1 colher (sopa) de açúcar e 1 colher (sopa) de mirin e aqueça, mexendo. Junte a cenoura, cozinhe por 2 minutos, retire com uma escumadeira e ponha em um prato. Junte o shitake à panela com o resto do shoyu, do açúcar e do mirin e cozinhe por 3-4 minutos. Escorra e esprema ligeiramente para tirar o excesso de líquido. Reserve.

3 **COLOQUE** a esteirinha de bambu (*veja p. 23*) paralela a você sobre a mesa e cubra com uma folha de nori, colocada na horizontal. Com as mãos úmidas, espalhe ⅓ do arroz de sushi sobre a alga em uma camada regular, deixando livres 2,5 cm da borda.

4 **PONHA** dois camarões na horizontal no centro do arroz. Coloque em cima ⅓ da omelete, o espinafre disposto em forma de cilindro, a cenoura e o shitake. Enrole da mesma forma que o hossomaki (*veja p. 79*). Repita o processo, fazendo mais dois rolos com o resto dos ingredientes.

5 **CORTE** os rolos em 8 rodelas com uma faca molhada e distribua em 4 pratos. Sirva com o gengibre em conserva e o shoyu à parte.

TEMAKI

TEMAKI ZUSHI

RENDIMENTO: 4 PORÇÕES PREPARO: 15 MINUTOS

Este é o sushi mais fácil de fazer, bastando picar alguns ingredientes e deixar os comensais se servirem: um prato perfeito para uma festa divertida. Escolha recheios com vários sabores, texturas e cores. As quantidades das receitas são suficientes para seis temakis por pessoa; portanto, se for uma entrada (como a da foto), use apenas metade dos ingredientes.

---

uma receita de **Arroz de sushi** (*veja p. 24*)

4 **camarões grandes** crus, limpos e sem a cabeça (*veja p. 19*)

4 fatias de **salmão defumado** cortado em tiras

7,5 cm de **pepino** cortado em quatro e depois na diagonal em tiras finas

5 cm de conserva de **nabo** (tsukemono) cortado na diagonal em tiras finas

um punhado de **cogumelos enoki** ou **shimeji** limpos

4 folhas de **nori** (20 x 18 cm) cortadas em quatro

8 folhas de **alface**

wassabi em pasta para servir

shoyu para servir

1 **COLOQUE** o arroz de sushi em uma travessa e cubra com um pano de prato umedecido enquanto prepara os ingredientes do recheio.

2 **ENFIE** cada camarão em um espetinho e cozinhe em água ligeiramente salgada por uns 2 minutos, até a casca ficar bem vermelha. Escorra e passe em água fria corrente. Retire os espetinhos, descasque os camarões e corte-os ao meio, no sentido do comprimento.

3 **ARRUME** os camarões, o salmão defumado, o pepino, a conserva de nabo e os cogumelos em uma travessa grande e, em pratos à parte, o nori e as folhas de alface, servindo com o wassabi e o shoyu. As pessoas então forram o prato com uma folha de nori ou de alface, colocam um pouco de arroz e recheios à escolha e enrolam o seu temaki ("enrolado na mão"). Podem repetir, variando os recheios a gosto.

ROLINHO CALIFÓRNIA

KARIFORUNIA URAMAKI

RENDIMENTO: 4 PORÇÕES PREPARO: 40 MINUTOS

Inventado na Califórnia, o rolinho de sushi que usa o abacate como ingrediente principal agora está popularizado no mundo inteiro, até no Japão. Utilize quaisquer ingredientes de sua escolha junto com o abacate.

---

2 folhas de **nori** (20 x 18 cm) cortadas ao meio no sentido da largura

uma receita de **Arroz de sushi** (*veja p. 24*)

6 colheres (sopa) de **gergelim claro** ligeiramente tostado

10 peças de **kanikama** (4 cortadas ao meio)

½ **abacate** cortado em 8 tiras

um punhado de **cebolinha**

6 colheres (sopa) de **gergelim preto** ligeiramente tostado

conserva de gengibre (*veja p. 28*) para servir

shoyu para servir

1 **COLOQUE** um filme de PVC sobre uma esteirinha de bambu (*veja p. 23*) paralela a você na mesa. Forre com uma folha de nori. Com as mãos úmidas, espalhe ¼ do arroz de sushi em uma camada uniforme sobre o nori. Salpique com 3 colheres (sopa) de gergelim.

2 **VIRE** a camada de arroz sobre a esteirinha para que ele fique para baixo, ou, se não tiver prática, prense-a contra outra esteirinha forrada com filme de PVC e vire tudo para o arroz ficar para baixo. Ponha 2½ kanikamas, 2 fatias de abacate e 8 talos de cebolinha em uma fileira horizontal perto da borda do nori. Enrole da mesma forma que o hossomaki (*veja p. 79*). Envolva em filme de PVC e reserve. Repita o processo fazendo mais três rolos com o resto dos ingredientes, salpique o gergelim claro em um dos rolos e o gergelim preto nos outros dois.

3 **RETIRE** o filme de PVC dos rolos e corte cada um em 5 rodelas com uma faca afiada úmida. Coloque rodelas com gergelim claro e escuro em cada um dos pratos individuais. Sirva com gengibre em conserva e shoyu.

SUSHI PRENSADO COM TRUTA DEFUMADA *MASU NO OSHI-ZUSHI*

RENDIMENTO: 4 PORÇÕES PREPARO: 20 MINUTOS MARINADA: 10 MINUTOS

Camadas de arroz e peixe defumado marinado ficam atraentes e permitem fazer várias peças de sushi de uma vez só – indispensável se houver um grande número de convidados para alimentar. O sushi prensado também é conveniente porque pode ser feito com um dia de antecedência.

---

uma receita de **Arroz de sushi** (*veja p. 24*)

raspas finas de 1 **limão**

175 g de **truta** ou **salmão** defumados

1 fatia de **limão** cortada em pedacinhos

1 colher (sopa) de **salsa picada** misturada com 2 colheres (chá) de **alcaparras** no vinagre bem picadas

conserva de gengibre (*veja p. 28*) para servir

shoyu para servir

MARINADA:

2 colheres (sopa) de **shoyu**

2 colheres (sopa) de **saquê**

1 colher (chá) de **mirin**

1 **ESPALHE** metade das raspas de limão sobre o arroz de sushi e misture delicadamente.

2 **PREPARE** a marinada: coloque o shoyu, o saquê e o mirin em uma tigela e misture bem. Adicione a truta e deixe por 10 minutos. Escorra. Arrume a truta em uma camada uniforme em um molde para sushi molhado (*veja p. 23*) ou coloque em um recipiente (10 x 10 x 5 cm de profundidade) forrado com filme de PVC, deixando abas de filme ultrapassar as bordas. Salpique o resto das raspas de limão sobre a truta.

3 **PRESSIONE** o arroz com as mãos úmidas, formando uma camada uniforme de uns 2,5 cm de espessura sobre a truta.

4 **FECHE** o arroz com a tampa úmida do molde de sushi ou o filme de PVC com um pedaço de papel-cartão cortado para caber no interior do recipiente. Coloque um peso (uns 450 g) em cima e deixe de 30 minutos a algumas horas. Retire o sushi do molde e corte em pedaços com uma faca úmida.

5 **ADICIONE** pedacinhos de limão à metade dos sushis e a mistura de salsa com alcaparras ao resto. Arrume em 4 pratos e sirva com conserva de gengibre e shoyu.

SUSHI DE POSTAS DE CAVALA

BATTERA

RENDIMENTO: 4 PORÇÕES PREPARO: 35 MINUTOS, MAIS 3 HORAS DE SALGAMENTO MARINADA: 20 MINUTOS DESCANSO: 36 HORAS

As lindas manchas prateadas da cavala vão despertar a admiração dos convidados por este sushi. Comece o preparo cedo para dar tempo de a cavala curtir no sal.

---

150 g/⅔ de copo de **sal marinho**

2 filés grandes de **cavala** (uns 450 g de peso total)

6 colheres (sopa) de **vinagre de arroz**

uma receita de **Arroz de sushi** (*veja p. 24*)

4 folhas de **bambu** para servir (opcional)

conserva de **gengibre** (*veja p. 28*) para servir

wassabi em pasta para servir

shoyu para servir

1 COLOQUE metade do sal em uma vasilha, ponha a cavala e cubra com o resto do sal. Tampe e leve à geladeira por 3 horas.

2 LAVE o peixe para tirar o sal, ponha os filés em uma travessa rasa, regue com o vinagre e deixe em repouso por 20 minutos.

3 ESCORRA o peixe, retire as espinhas pequenas com uma pinça e puxe a membrana transparente que recobre a pele, deixando o desenho prateado intacto. Coloque os filés, com a pele para baixo, numa tábua e corte um pouco da parte mais alta para fazer fatias finas. Ponha o filé, com a pele para baixo, sobre uma esteirinha de bambu forrada com filme de PVC.

4 MOLDE metade do arroz com as mãos úmidas dando uma forma alongada com o comprimento de cada filé e coloque sobre ele. Enrole o sushi com a esteirinha, pressionando firmemente o arroz para ficar na forma alongada de um tronco. Repita o processo com o resto do arroz e da cavala. Deixe enrolado em filme de PVC em um lugar seco e frio por até 36 horas antes de servir. (Não coloque na geladeira.)

5 DESENROLE o sushi, corte em fatias de 1 cm de espessura e coloque em 4 pratos forrados com folhas de bambu, se desejar. Sirva com a conserva de gengibre, o wassabi e o shoyu.

SUSHI SOLTO

GOMOKU ZUSHI

RENDIMENTO: 4 PORÇÕES PREPARO: 15 MINUTOS COZIMENTO: 15 MINUTOS

Prato bastante popular e fácil de fazer para almoços festivos, ele é ótimo também para festas infantis e almoços no trabalho. Normalmente contém cinco ou mais ingredientes misturados com o arroz de sushi, daí o nome, gomoku ("cinco variedades").

---

2 **cogumelos shitake** desidratados deixados de molho em 150 ml/⅔ de copo de água quente por 30 minutos

2 colheres (sopa) de **shoyu**

1 colher (sopa) de **açúcar**

1 colher (sopa) de **mirin**

5 cm de **cenoura** descascada e cortada em palitos de 2,5 cm

30 g de **ervilhas-tortas** limpas e cortadas na diagonal

sal marinho

12 **camarões** grandes crus

2 colheres (sopa) de **gergelim claro** ligeiramente tostado

uma receita de **Arroz de sushi** (*veja p. 24*)

uma **Omelete japonesa fina** (*veja p. 31*) cortada em tiras finas de 5 cm de comprimento

2,5 cm de **nori** bem picado

1 **ESCORRA** o shitake, reservando o líquido, e corte em tiras finas. Ponha o líquido numa panela pequena com 1 colher (sopa) de shoyu, o açúcar e o mirin e aqueça, mexendo, até o açúcar se dissolver. Junte a cenoura e cozinhe por 2 minutos. Retire com uma escumadeira e coloque em um prato. Adicione o resto do shoyu e do shitake à panela, e cozinhe por 3-4 minutos. Escorra e reserve.

2 **COZINHE** a ervilha-torta em água ligeiramente salgada por 1 minuto até ficar tenra. Retire da panela com uma escumadeira, passe em água fria, escorra e reserve.

3 **ADICIONE** os camarões à água fervente da panela, cozinhe em fogo alto por 2 minutos e escorra. Passe em água fria corrente e escorra de novo.

4 **ESPALHE** o gergelim tostado sobre o arroz de sushi e misture delicadamente. Junte a ele a cenoura, o shitake, a ervilha-torta, os camarões e metade das tiras de omelete e misture. Distribua o arroz em 4 pratos individuais, ponha o restante das tiras de omelete, o nori e sirva.

SUSHI DE SAQUINHO

INARI-ZUSHI

RENDIMENTO: 4 PORÇÕES PREPARO: 25 MINUTOS COZIMENTO: 20 MINUTOS

É totalmente diferente dos outros sushis, mas o emprego de aguê para envolver o arroz de sushi é bem tradicional, além de ser um uso interessante e criativo. Provavelmente foi desenvolvido para ser levado em bentôs (lanches) ou piqueniques, pois o invólucro impede que o arroz resseque.

---

6 **aguês** (tofu frito)

2 colheres (sopa) de **gergelim preto** ou **claro** ligeiramente tostado

uma receita de **Arroz de sushi** (*veja p. 24*)

folhas de **shissô** (opcional)

conserva de gengibre (*veja p. 28*)

MOLHO DE COZIMENTO:

150 ml/$\frac{2}{3}$ de copo de **saquê**

90 g/$\frac{1}{2}$ copo de **açúcar**

5 colheres (sopa) de **shoyu**, mais um pouco para servir

sal marinho

1 **COLOQUE** os aguês em uma vasilha refratária e despeje bastante água quente para retirar o óleo. Escorra e esprema o excesso de água quando não estiverem mais tão quentes. Corte-os ao meio no sentido da largura e abra-os com cuidado para fazer 12 saquinhos.

2 **PREPARE** o molho de cozimento colocando o saquê, o açúcar, o shoyu e sal a gosto na panela. Junte 150 ml/$\frac{2}{3}$ de copo de água e deixe ferver, mexendo até o açúcar se dissolver. Adicione os aguês, deixe ferver, abaixe o fogo e apure por uns 15 minutos, até ficarem com a cor âmbar. Retire a panela do fogo e deixe esfriarem no molho.

3 **SALPIQUE** o gergelim e umas 3 colheres (sopa) do molho de cozimento sobre o arroz e misture delicadamente. Reparta o arroz em 12 bolas iguais.

4 **ESCORRA** os aguês e esprema o excesso de líquido. Coloque uma bola de arroz em cada saquinho e vire delicadamente a beirada para fora.

5 **FORRE** 4 pratos individuais com folhas de shissô e ponha 3 saquinhos em cada um. Sirva com um pouco de conserva de gengibre, se desejar, e shoyu.

大切なのは

SASHIMIS VARIADOS

SASHIMI MORIAWASE

RENDIMENTO: 4 PORÇÕES PREPARO: 35 MINUTOS
MARINADA/ SALGAMENTO: 40 MINUTOS

O uso de peixe extremamente fresco é essencial no preparo do sashimi, portanto, examine-o bem antes de comprar. Aqui está uma variedade típica de peixes, mas utilize outras espécies também: linguado, garoupa ou mariscos.

---

1 **cavala pequena** (150-200 g) em filés

sal marinho

1 **olhete** sem pele em filés (*veja p. 19*)

150 g de filé de **atum**

150 g de filé de **salmão** sem pele (*veja p. 19*)

folhas de **shissô** (opcional)

7,5 cm de **nabo** descascado e em tiras bem finas (opcional)

wassabi em pasta (opcional)

shoyu para servir

MARINADA:

250 ml/1 copo de **vinagre de arroz**

1 colher (sopa) de **açúcar**

1 colher (sopa) de **shoyu**

1 **COLOQUE** os filés de cavala em uma camada uniforme numa vasilha, cubra com bastante sal e deixe por 30 minutos. Dessalgue em água fria corrente, seque o peixe em papel-toalha e reserve.

2 **FAÇA** a marinada: coloque o vinagre, o açúcar e o shoyu em uma travessa rasa e misture. Ponha a cavala e deixe marinar por 10 minutos.

3 **ESCORRA** a cavala, retire as espinhas com uma pinça e puxe a membrana exterior transparente que recobre a pele, deixando o desenho prateado intacto. Fatie 4 pedaços regulares (1 cm de espessura), na direção contrária à da fibra (*veja p. 19*).

4 **CORTE** cada filé de olhete, no sentido contrário ao da fibra, em 4 pedaços regulares (1 cm de espessura). Fatie o atum e o salmão em 4 peças de 6 x 3 x 1 cm de espessura.

5 **FORRE** os pratinhos com folhas de shissô, se preferir, e distribua as fatias dos diversos peixes por cima. Se desejar, coloque o nabo ao lado e sirva com wassabi e shoyu à parte.

SASHIMI DE BONITO

SHIN KATSUO NO TATAKI

RENDIMENTO: 4 PORÇÕES PREPARO: 15 MINUTOS COZIMENTO: 5 MINUTOS

O katsuo ("bonito") pescado em maio é denominado "primeiro" katsuo e tem esse nome porque o peixe nada perto da costa japonesa no fim da primavera a caminho do norte, sendo muito apreciado. Ligeiramente grelhado por fora, mas ainda rosado por dentro, o tataki é a melhor forma de apreciar o primeiro katsuo.

---

1 colher (sopa) de **óleo vegetal**

450 g de filé de **bonito** com a pele ou de filé de atum

7,5 cm de **nabo** descascado e ralado fino

um punhado de **salsa** bem picada

MOLHO:

1 dente de **alho** bem picado

2,5 cm de **gengibre** descascado e ralado

3 colheres (sopa) de suco de **limão**

5 colheres (sopa) de **shoyu**

1 colher (chá) de **açúcar**

1 **AQUEÇA** o óleo em uma frigideira e grelhe o bonito com a pele para baixo em fogo alto por 1-2 minutos. Vire o peixe e deixe por 1 minuto até a parte externa dourar mas o centro ainda ficar rosado. Retire imediatamente do fogo e mergulhe-o em uma tigela com água fria e cubos de gelo. Escorra-o em papel-toalha e corte cuidadosamente em cubos pequenos. Ponha em uma vasilha grande.

2 **PARA** fazer o molho, coloque o alho, o gengibre, o suco de limão, o shoyu e o açúcar em uma vasilha e mexa bem até o açúcar se dissolver. Espalhe metade do molho sobre o bonito e esfregue ligeiramente com as mãos. Cubra e leve à geladeira enquanto prepara o nabo e a salsa.

3 **PONHA** o nabo em água gelada e escorra. Espalhe a salsa sobre o peixe e misture ligeiramente.

4 **ARRUME** o nabo no centro de 4 pratos e coloque o filé em cima. Salpique com o resto do molho e sirva.

SASHIMI DE CAVALA COM ALGAS

SHIME SABA TO KAISO SALADA

RENDIMENTO: 4 PORÇÕES PREPARO: 30 MINUTOS MARINADA: 30 MINUTOS COZIMENTO: 10 MINUTOS

Basta curtir a humilde cavala fresca no vinagre para chegar a uma nova dimensão. O molho, chamado tossa-zu, é um dos mais usados no Japão.

---

250 ml/1 copo de **dashi** (*veja p. 27*)

5 colheres (sopa) de **vinagre de arroz**

200 ml/¾ de copo mais 2 colheres (sopa) de **shoyu**

1 colher (chá) de **açúcar**

um punhado de **bonito em flocos**

20 **nabos novos** cortados ao meio, deixados em água salgada por 10 minutos e escorridos

1 **cavala** (350-400 g) em filés

3 colheres (sopa) de **vinagre de arroz**

1 pacote de **algas mistas** para salada deixadas na água por 10 minutos

suco espremido de 5 cm de **gengibre** ralado

1 **MISTURE** o dashi, o vinagre de arroz, 5 colheres (sopa) de shoyu e açúcar em uma panela pequena e espere ferver. Retire do fogo, junte o bonito em flocos, deixe por 5 minutos e escorra em uma vasilha. Descarte os flocos de peixe e deixe o molho de vinagre esfriar.

2 **DESPEJE** ⅓ do molho em uma tigela, ponha os nabos no resto do molho em uma panela e deixe marinar no mínimo por 30 minutos.

3 **RETIRE** as espinhas da cavala com uma pinça e puxe a membrana transparente que recobre a pele, deixando o padrão prateado intacto. Corte os filés no sentido contrário ao da fibra, em pedaços pequenos (*veja p. 19*). Ponha as fatias de cavala em um prato, regue com o molho de vinagre e reserve.

4 **ESCORRA** as algas marinhas e esprema para tirar o excesso de água. Regue com o molho de vinagre reservado e mexa ligeiramente.

5 **PONHA** o resto do shoyu e o suco de gengibre em uma tigela, junte a cavala e misture. Sirva o peixe sobre as algas ao lado dos nabos ou deixe-os em pratinhos à parte.

SASHIMI DE ROBALO PRENSADO À MODA DE HAKATA *SUZUKI NO HAKATA-OSHI*

RENDIMENTO: 4 PORÇÕES PREPARO: 30 MINUTOS MARINADA: 10 MINUTOS COZIMENTO: 5 MINUTOS

O sabor e a textura do robalo ligeiramente curtido com o pepino e as ervas tornam este prato totalmente diferente de qualquer sashimi. Além disso, é divertido de fazer.

---

1 **robalo** grande (uns 700 g) em filés sem pele (corte os filés ao meio na horizontal para fazer 4 pedaços finos)

100 ml/½ copo de **vinagre de arroz**

1 **pepino**

sal marinho

2,5 cm de **gengibre** descascado e cortado em tirinhas finas

folhas de **shissô** ou um punhado de **manjericão**

folhas de bambu (opcional)

fatias de **limão**

MOLHO:

4 colheres (sopa) de **vinagre de arroz**

4 colheres (sopa) de **dashi** (*veja p. 27*)

2 colheres (sopa) de **shoyu**

1½ colher (chá) de **açúcar**

1 **ENXUGUE** o robalo em papel-toalha e coloque no prato. Regue com o vinagre e deixe marinar por alguns minutos.

2 **CORTE** 4 fatias bem finas e compridas do pepino com um descascador de legumes, jogando fora a primeira tira com a casca. Deixe-as em água salgada por 10 minutos até murcharem. Escorra em papel-toalha.

3 **FORRE** uma tábua com uma folha grande de filme de PVC e coloque um pedaço de filé achatado no centro. Ponha metade do gengibre e tiras de pepino sobre o filé e disponha algumas folhas de shissô ou de manjericão por cima de forma regular. Cubra com o segundo pedaço de peixe e embrulhe no filme. Repita o processo com os outros pedaços de peixe, gengibre, pepino e shissô. Coloque uma tábua sobre o peixe e pressione por alguns minutos.

4 **PREPARE** o molho: leve ao fogo médio em uma panela o vinagre, o dashi, o shoyu e o açúcar e deixe por alguns minutos, até o açúcar se dissolver. Retire do fogo e espere esfriar.

5 **DESEMBRULHE** o robalo e corte em fatias uniformes (5 x 2,5 cm). Se for usar, disponha 4 folhas de bambu sobre 4 pratinhos e deite o peixe sobre elas. Enfeite com fatias de limão e sirva com o molho à parte.

SALADA DE SASHIMI DE LINGUADO

HIRAME NO SASHIMI SALADA

RENDIMENTO: 4 PORÇÕES PREPARO: 20 MINUTOS COZIMENTO: 5 MINUTOS

Esta é uma salada de sashimi que agrada a todos. É de fácil preparo – até as crianças podem ajudar –, além de ser deliciosa! Em vez do linguado, use outros peixes brancos de carne firme ou vieiras.

---

1 **linguado** pequeno (uns 600 g) cortado ao meio em filés no sentido do comprimento e sem pele (*veja p. 19*)

2 colheres (sopa) de **vinagre de arroz**

sal marinho

125 g de **manjericão**

brotos de agrião para decorar

1 colher (sopa) de **gergelim claro** ligeiramente tostado

MOLHO:

suco de 1 **limão**

1½ colher (chá) de **wassabi** em pasta

2 colheres (sopa) de **shoyu**

2 colheres (sopa) de **saquê**

1 colher (chá) de **óleo de gergelim**

1 **PONHA** os filés de linguado, um a um, em água fervente em temperatura alta e deixe por 30 segundos, depois mergulhe em água gelada para esfriar e interromper o cozimento. Escorra em papel-toalha.

2 **FATIE** os filés no sentido contrário ao da fibra, em pedaços de sashimi de 1 cm de largura (*veja p. 19*), colocando a lâmina da faca ligeiramente enviesada em relação à tábua. Regue o peixe com o vinagre de arroz, tempere com o sal e reserve.

3 **FAÇA** o molho misturando o suco de limão, o wassabi, o shoyu, o saquê e o óleo em uma vasilha. Mexa bem para dissolver o wassabi e tempere a gosto.

4 **COLOQUE** o manjericão em uma tigela, despeje metade do molho e misture delicadamente. Distribua a salada de manjericão em 4 pratos. Arrume o linguado de forma decorativa sobre o manjericão. Espalhe o agrião por cima. Regue o peixe com o resto do molho, salpique com o gergelim e sirva.

CARNE COM MOLHO DE MISSÔ E GERGELIM *WAFU STEAK GOMA-DARE SOE*

RENDIMENTO: 4 PORÇÕES PREPARO: 10 MINUTOS COZIMENTO: 25 MINUTOS

O molho de missô com gergelim confere uma dimensão diferente a este bife. Para um resultado melhor, tire a carne da geladeira 30 minutos antes de fritar.

---

3 colheres (sopa) de **óleo vegetal**

4 bifes de **contrafilé** ou de **alcatra** (200 g cada um)

½ **berinjela** cortada em meias-luas de 1 cm de espessura

2 **abobrinhas** limpas cortadas na diagonal em fatias de 1 cm de espessura

⅛ de **abóbora cabotiá** pequena sem sementes cortada em fatias de 1 cm de espessura no formato de leque

sal marinho e **pimenta** moída na hora

2 colheres (chá) de **gergelim** ligeiramente tostado

ramos de **agrião**

MOLHO DE MISSÔ COM GERGELIM:

3 colheres (sopa) de **tahine** (pasta de gergelim)

2 colheres (sopa) de **missô**

1 colher (sopa) de **mirin**

1 colher (chá) de **shoyu**

1 colher (sopa) de **suco de limão**

4 colheres (sopa) de **dashi** (*veja p. 27*)

1 **AQUEÇA** 1 colher (sopa) de óleo em uma frigideira grande e espalhe por igual movimentando a panela. Faça dois talhos na gordura de cada bife, tempere com um pouco de sal e pimenta. Frite em fogo alto por 2-5 minutos de cada lado até dourar e chegar ao ponto desejado. Reserve e mantenha quente.

2 **LIMPE** a frigideira com papel-toalha e ponha mais 1 colher (sopa) de óleo. Frite fatias de berinjela, abobrinha e cabotiá, em levas, adicionando um pouco mais de óleo entre elas, até cozinharem e ficarem levemente douradas. Retire da panela e mantenha quentes.

3 **PARA** o molho de missô, coloque o tahine, o missô, o mirin, o shoyu, o suco de limão e o dashi em uma tigela. Mexa bem e divida-o em 4 tigelas pequenas.

4 **FATIE** cada bife na diagonal em pedaços de 2 cm e coloque um bife fatiado em cada prato. Salpique o gergelim sobre os bifes, adicione um ramo de agrião e sirva com os legumes e um pouco de molho de missô. Deixe à parte o restante do molho em tigelas pequenas.

SUKIYAKI

SUKIYAKI

RENDIMENTO: 4 PORÇÕES PREPARO: 20 MINUTOS COZIMENTO: 10 MINUTOS

O sukiyaki (carne e legumes cozidos em uma panela de ferro rasa à mesa) é para todos, jovens e idosos: nutritivo e delicioso, é fácil, rápido e divertido de cozinhar!

---

450 g de fatias bem finas de **alcatra** ou **filé-mignon**

2 **alhos-porós** finos cortados na diagonal em fatias de 1 cm

250 g de folhas de **espinafre** rasgadas ao meio se forem grandes

um maço de **cogumelos shimeji** limpos

8 **cogumelos shitake** sem os talos

1 **tofu firme** (uns 300 g) cortado em cubos de 2,5 cm

200 g de **shirataki** cortado grosseiramente (opcional)

5 cm de **gordura de carne** de boi ou 1 colher (sopa) de **óleo vegetal**

4 **ovos** orgânicos (opcional)

MOLHO DE COZIMENTO:

200 ml/1 copo de **dashi** (*veja p. 27*)

6 colheres (sopa) de **saquê**

6 colheres (sopa) de **mirin**

6 colheres (sopa) de **shoyu**, mais um pouco a gosto

1 **ARRUME** a carne em uma travessa e coloque o alho-poró, o espinafre, o shimeji, o tofu e o shirataki em outra.

2 **PARA** o molho de cozimento, ponha o dashi, o saquê, o mirin e o shoyu em uma molheira e misture bem.

3 **PONHA** uma panela de ferro em um fogareiro a gás ou elétrico sobre a mesa. Deixe os pratos de ingredientes crus e o molho à mão.

4 **DERRETA** a gordura de boi ou aqueça o óleo vegetal na panela. Refogue algumas fatias de carne, adicione um pouco dos outros ingredientes e regue com um pouco do molho. (Quando o molho engrossar ou evaporar, acrescente mais um pouco.) Verifique o tempero e adicione mais água ou shoyu, se desejar.

5 **BATA** os ovos, se for usar, e distribua em 4 tigelas pequenas. Os convidados se servem sozinhos pegando fatias de carne e legumes e mergulhando-os no ovo ou, se preferirem, comendo diretamente. Continue a fritar a carne e os legumes na panela, conforme for necessário. Se não encontrar o shirataki, use qualquer tipo de macarrão fininho (harussame, cabelo de anjo) previamente cozido al dente, mas só o adicione no final, pois ele absorve todo o molho da panela.

CURRY JAPONÊS DE CARNE DE BOI

WAFU BEEF CURRY

RENDIMENTO: 4 PORÇÕES PREPARO: 15 MINUTOS COZIMENTO: 35 MINUTOS

O curry foi introduzido no Japão por intermédio da Inglaterra em meados do século 19. A sua popularidade se deve muito à criação japonesa de tabletes especiais para o molho. A mistura pronta é encontrada em lojas de produtos orientais.

---

2 colheres (sopa) de **óleo vegetal**, mais um pouco se necessário

600 g de **alcatra** cortada em cubinhos

2 **cebolas** bem picadas

2 **cenouras** sem casca em rodelas finas

2 **batatas** sem casca em cubinhos

125 g de **curry** em tablete esfarelado

2 colheres (sopa) de **shoyu** a gosto (opcional)

4 ramos de salsa (opcional)

arroz basmati cozido para servir

1 **AQUEÇA** o óleo em uma panela funda e refogue a carne em fogo alto por 2 minutos, até dourar bem. Retire da panela com uma escumadeira.

2 **DIMINUA** o fogo para médio, ponha um pouco mais de óleo na panela, se necessário, e refogue a cebola por uns 15 minutos, até dourar. Junte a cenoura e a batata e refogue por mais 2 minutos.

3 **ADICIONE** 700 ml/3 copos de água à panela e deixe ferver. Coloque a carne de volta na panela e deixe em fogo brando por 5-7 minutos, mexendo sempre até cozinhar.

4 **RETIRE** a panela do fogo, adicione o curry e mexa até dissolver bem. Coloque a panela de volta em fogo brando por cerca de 5 minutos, mexendo sempre, até o molho engrossar.

5 **ADICIONE** um pouco de shoyu a gosto, se desejar, e ramos de salsa. Sirva com arroz basmati.

CARNE REFOGADA COM BATATA

NIKU-DJAGA

RENDIMENTO: 4 PORÇÕES PREPARO: 25 MINUTOS COZIMENTO: 35 MINUTOS

Apesar de ser um prato simples de camponês, o niku-djaga (uma abreviação de carne com batatas) ainda sobrevive e contribui para a cultura afluente de hoje. Normalmente é cozido apenas com os dois ingredientes principais, mas aqui a vagem confere ao prato mais cor e textura crocante.

---

85 g de **vagens** cortadas em pedaços de 3 cm

1 colher (sopa) de **óleo de gergelim**

1 **cebola** cortada ao meio e fatiada em meias-luas

1 colher (sopa) de **óleo vegetal**

300 g de **alcatra** em fatias finas e tiras de 5 cm

4 **batatas** descascadas cortadas em quatro e deixadas de molho na água

450 ml/2 copos rasos de **dashi** (*veja p. 27*)

3 colheres (sopa) de **saquê**

5 colheres (sopa) de **açúcar**

1 colher (sopa) de **mirin**

5 colheres (sopa) de **shoyu**

sal marinho

2,5 cm de **gengibre** descascado e ralado grosso

1 **COZINHE** a vagem em água fervente ligeiramente salgada por 2 minutos. Retire do fogo, escorra e passe em água corrente fria para resfriar rapidamente. Escorra e reserve.

2 **AQUEÇA** o óleo de gergelim em uma panela funda e refogue a cebola em fogo alto por uns 3 minutos, até amaciar. Retire-a da panela e reserve.

3 **ADICIONE** o óleo vegetal à panela e refogue a carne em fogo médio por 3-4 minutos até perder a cor vermelha. Escorra as batatas, acrescente à panela e continue a refogar por mais 1 minuto. Recoloque a cebola na panela.

4 **ACRESCENTE** o dashi, o saquê, o açúcar, o mirin e o shoyu à panela. Misture, tampe e deixe ferver. Retire a espuma que subir à superfície, abaixe o fogo ligeiramente e apure por uns 20 minutos, com a panela tampada, mexendo uma vez de baixo para cima, ou até a maior parte do líquido ser absorvida.

5 **JUNTE** a vagem uns 5 minutos antes do fim do cozimento. Distribua a carne e os legumes em 4 tigelas e sirva com o gengibre ralado.

CARNE DE PORCO COM CABOTIÁ

BUTANIKU TO KABOCHA NO NITSUKE

RENDIMENTO: 4 PORÇÕES PREPARO: 15 MINUTOS COZIMENTO: 20 MINUTOS

O sabor doce e a textura cremosa fazem da abóbora cabotiá a melhor dentre todas, e sua cor forte abrilhanta qualquer prato. Diferentemente de outras abóboras, sua casca é comestível e deliciosa.

---

3 colheres (sopa) de **óleo de gergelim**

1 **pimentão vermelho** cortado em quatro no sentido do comprimento

4 **filés de lombo de porco** sem gordura (cerca de 800 g no total) cortados em cubos grandes

½ **abóbora cabotiá** cortada em cubos grandes

2 colheres (chá) de **gergelim** ligeiramente tostado para servir (opcional)

MOLHO DE COZIMENTO:

3 colheres (sopa) de **açúcar**

125 ml/½ copo de **saquê**

5 colheres (sopa) de **shoyu**

1 **AQUEÇA** 2 colheres (sopa) de óleo de gergelim em uma frigideira e refogue o pimentão vermelho em fogo médio por 1 minuto. Retire-o da panela com uma escumadeira e reserve.

2 **ADICIONE** o resto do óleo de gergelim à panela e refogue a carne de porco em fogo alto por 2-3 minutos, até ficar clara. Junte a abóbora e continue a refogar por mais 1 minuto.

3 **PREPARE** o molho de cozimento colocando o açúcar, o saquê e o shoyu em uma tigela pequena com 150 ml/⅔ de copo de água e mexa até o açúcar se dissolver. Despeje na panela e deixe ferver. Tampe e apure em fogo brando por 10 minutos. Retire a panela do fogo e mantenha-a tampada por 2-3 minutos.

4 **ACRESCENTE** o pimentão vermelho, distribua a carne e os legumes em 4 pratos e sirva com o gergelim, se desejar.

CARNE DE PORCO AO GENGIBRE COM SALADA DE RÚCULA *BUTANIKU NO SHOGA-YAKI*

RENDIMENTO: 4 PORÇÕES PREPARO: 15 MINUTOS MARINADA: 10 MINUTOS COZIMENTO: 10 MINUTOS

Inspirado na culinária chinesa, este prato de carne de porco refogada ao gengibre é um dos mais antigos e populares. É muito fácil de fazer, bem substancioso e barato – ideal para uma refeição familiar.

---

4 **filés de lombo de porco** (250 g cada um) cortados em tiras largas de 5 x 2,5 cm

½ **erva-doce** cortada em tiras compridas de 5 cm

um punhado de **lollo rosso**

60 g de **rúcula**

1 colher (sopa) de **suco de limão**

2 colheres (sopa) de **óleo vegetal**

sal marinho e **pimenta** moída

MARINADA DE GENGIBRE:

suco espremido de 5 cm de **gengibre** ralado

3 colheres (sopa) de **shoyu**

2 colheres (sopa) de **saquê**

2 colheres (sopa) de **mirin**

1 **FAÇA** a marinada: coloque o gengibre, o shoyu, o saquê e o mirin em uma travessa rasa e misture bem. Junte a carne de porco e deixe marinar por 10 minutos.

2 **COLOQUE** a erva-doce, o lollo rosso e a rúcula em uma tigela, regue com o suco de limão e tempere ligeiramente com sal e pimenta.

3 **AQUEÇA** o óleo em uma frigideira e junte a carne de porco com a marinada. Refogue em fogo médio por 5-6 minutos até a carne perder a cor. Retire a carne com uma escumadeira e disponha num prato.

4 **AUMENTE** o fogo e cozinhe o resto de marinada na panela em fogo alto por mais 1 minuto ou até o molho engrossar. Ponha a carne de porco na panela e misture rapidamente para que ela fique revestida com o molho.

5 **ARRUME** ¼ da salada mista no centro de 4 pratos individuais e coloque a carne ao redor. Despeje um pouco do molho sobre o porco e sirva o restante à parte.

CARNE DE PORCO EMPANADA

TONKATSU

RENDIMENTO: 4 PORÇÕES PREPARO: 20 MINUTOS COZIMENTO: 30 MINUTOS

O tonkatsu é um dos pratos caseiros prediletos no Japão. Esta é uma receita autêntica e fácil. O molho de tonkatsu, que contém frutas, legumes, especiarias e shoyu, é vendido em garrafas em lojas de produtos orientais.

---

4 **filés de lombo de porco** (200 g cada um)

óleo vegetal para fritar

farinha de rosca grossa para cobrir

300 g de **repolho** bem picado

2 **tomates** descascados cortados em quartos

4 quartos de **limão**

sal marinho e **pimenta** moída na hora

molho de tonkatsu para servir

ramos de **agrião**

MASSA:

1 **ovo** batido

1 colher (sopa) de **farinha de trigo** misturada com 1 colher (sopa) de água, mais um pouco de farinha para polvilhar

1 **ACHATE** a carne de porco com o batedor de carne para amaciá-la. Faça alguns talhos na gordura.

2 **PREPARE** a massa batendo o ovo e a mistura de farinha em uma tigela grande até ficar uniforme.

3 **AQUEÇA** o óleo vegetal em uma fritadeira ou wok até 160°C.

4 **TEMPERE** a carne de porco com o sal e a pimenta, polvilhe com a farinha e tire o excesso. Passe o porco na mistura de ovo e na farinha de rosca, pressionando-a contra o filé. Coloque os filés com cuidado no óleo quente, dois de cada vez, frite por 1-2 minutos, abaixe o fogo e continue a fritar em fogo médio por mais 9-10 minutos, até dourarem por inteiro. Escorra em papel-toalha. Mantenha quente enquanto prepara os outros filés.

5 **CORTE** cada filé na largura em fatias de 2,5 cm. Distribua o repolho em 4 pratos individuais, arrume a carne de porco ao lado dos quartos de tomate e de limão. Espalhe o molho de tonkatsu ao lado ou sobre a carne e sirva com um pouco de agrião.

COZIDO DE LEGUMES COM FRANGO

IRI-DORI

RENDIMENTO: 4 PORÇÕES PREPARO: 20 MINUTOS COZIMENTO: 25-30 MINUTOS

Os legumes cozidos e o frango tornam este prato ideal para a família: simples, substancioso e nutritivo.

---

6 colheres (sopa) de **saquê**

4 colheres (sopa) de **shoyu**

450 g de **coxas de frango** desossadas cortadas em pedaços pequenos

4 **cogumelos shitake** pequenos desidratados deixados de molho em 250 ml/1 copo de água

120 g de **raiz de lótus** cortada em meias-luas

2 colheres (sopa) de **vinagre de arroz**

2 colheres (sopa) de **óleo vegetal**

2 colheres (sopa) de **mirin**

½ colher (chá) de **sal marinho**

1 **cenoura** descascada cortada em cubos

150 g de **brotos de bambu** escorridos em pedaços pequenos

3 colheres (sopa) de **açúcar**

½ colher (chá) de **dashi em pó**

70 g de **ervilhas-tortas** limpas cortadas ao meio e cozidas em água e sal por 1 minuto

1 **ESFREGUE** no frango 2 colheres (sopa) de saquê e 1½ colher (sopa) de shoyu e reserve. Escorra o shitake, reserve o líquido e tire os talos.

2 **DEIXE** a raiz de lótus de molho em 250 ml/1 copo de água com o vinagre de arroz.

3 **AQUEÇA** 1 colher (sopa) de óleo em uma panela grande e refogue o frango em fogo médio por 2 minutos. Acrescente o resto do saquê e do shoyu, o mirin e o sal e refogue por mais 5-6 minutos, até o frango cozinhar. Coloque em uma tigela com todo o caldo.

4 **ADICIONE** o restante do óleo à panela e refogue a cenoura, os brotos de bambu e o shitake por 2-3 minutos, até começarem a ficar macios. Junte o açúcar, o caldo do molho do shitake e o dashi.

5 **TAMPE** a panela e deixe ferver, diminua o fogo e apure em fogo médio por 7-8 minutos, mexendo de vez em quando. Escorra a raiz de lótus, adicione à panela junto com o frango e cozinhe por mais 10 minutos ou até o caldo evaporar.

6 **ACRESCENTE** a ervilha-torta, distribua os legumes e o frango em 4 tigelas e sirva.

PATO AO VAPOR

MUSHI GAMO

RENDIMENTO: 4 PORÇÕES PREPARO: 20 MINUTOS
COZIMENTO: 25-30 MINUTOS

Nesta receita, o pato é grelhado rapidamente para reduzir a oleosidade, depois levado ao vapor em uma sopa ligeiramente temperada que cozinha a carne lentamente. Assim, ela fica muito macia e com aroma delicado.

---

4 peitos de **pato** (200 g cada um) com o excesso de gordura eliminado

1 colher (sopa) de **óleo vegetal**

1 **cenoura** descascada em fatias finas

1 **cebola** em fatias finas

1 talo de **aipo** com as folhas bem picadas

1-2 colheres (sopa) de **shoyu**

1 colher (sopa) de **mirin**

brotos de agrião limpos

CALDO PARA O VAPOR:

8 colheres (sopa) de **shoyu**

4 colheres (sopa) de **mirin**

670 ml/2⅔ de copo de **dashi** (*veja p. 27*)

½ cubo de **caldo de galinha**

4 colheres (sopa) de **saquê**

1 FAÇA vários talhos na pele do pato. Aqueça o óleo em uma frigideira grande e frite o pato em fogo alto, com a pele para baixo, durante 3-4 minutos, até dourar. Vire e frite por mais 1-2 minutos. Retire o pato da panela com uma escumadeira e ponha em um refratário.

2 PREPARE o caldo colocando o shoyu, o mirin, o dashi, o cubo de caldo e o saquê em uma panela e misture bem. Aqueça em fogo brando, mexendo sempre, até o cubinho se dissolver. Retire do fogo e regue com o caldo.

3 ADICIONE a cenoura, a cebola e o aipo ao refratário, cubra com filme de PVC, coloque em uma panela a vapor em fogo alto por 10 minutos e deixe esfriar.

4 DESPEJE 250 ml/1 copo de caldo em uma panela pequena. Adicione mais shoyu a gosto e o mirin e deixe ferver. Abaixe o fogo e apure por 5-10 minutos, até o caldo se reduzir a ⅓. Retire do fogo e mantenha quente.

5 ESCORRA o pato e corte-o em fatias de 2 cm de espessura; jogue fora os legumes. Arrume a carne ao lado do agrião, regue com um pouco do caldo e sirva com mais caldo à parte.

CAVALA NO MISSÔ

SABA NO MISO-NI

RENDIMENTO: 4 PORÇÕES PREPARO: 15 MINUTOS COZIMENTO: 20 MINUTOS

O missô, graças ao sabor e cheiro típicos e à textura densa, combina bem com outros ingredientes com características fortes, como a cavala. Este prato é um dos prediletos das famílias japonesas.

---

2 **cavalas** (uns 600 g no total) em filés

2 colheres (sopa) de **óleo vegetal**

2 alhos-porós finos ou 5 talos de **cebolinha** fatiados na diagonal

5 cm de **gengibre** descascado e fatiado fino

5 colheres (sopa) de **missô**

100 g de **rúcula**

MOLHO DE COZIMENTO:

7 colheres (sopa) de **saquê**

3 colheres (sopa) de **açúcar**

2 colheres (chá) de **shoyu**

1 **FAÇA** marcas em cruz na pele dos filés e divida cada um em três pedaços no sentido da largura.

2 **AQUEÇA** uma frigideira grande, ponha o óleo e frite os alhos-porós em fogo médio por 1-2 minutos, até dourarem um pouco. Retire com uma escumadeira e reserve.

3 **PREPARE** o molho de cozimento misturando o saquê, o açúcar e o shoyu com 350 ml/1½ copo de água. Despeje na frigideira e deixe ferver, mexendo até o açúcar dissolver. Ponha o peixe com a pele para baixo. O molho deve cobrir até a metade dos filés; se isso não acontecer, junte mais água, saquê e shoyu na mesma proporção.

4 **ESPALHE** as fatias de gengibre sobre o molho. Deixe ferver e regue o peixe com o molho. Abaixe o fogo e apure por 10 minutos.

5 **DILUA** o missô em um pouco do molho e adicione à panela. Mexa delicadamente e acrescente o alho-poró. Apure por mais 4-5 minutos até o molho engrossar.

6 **PONHA** algumas folhas de rúcula em 4 pratos; arrume o peixe e o alho-poró em cima. Com uma colher, regue a cavala com um pouco do molho e sirva com o restante do molho à parte.

PARGO COM INHAME

MEDAI NO NIMONO SATOIMO SOE

RENDIMENTO: 4 PORÇÕES PREPARO: 20 MINUTOS COZIMENTO: 20 MINUTOS

A linda pele avermelhada e a carne firme fazem do pargo um peixe especial. Cozinhe-o em fogo brando, no vapor ou refogado, para não estragar o delicado desenho da pele. Evite métodos mais agressivos como grelhar ou fritar.

---

5 cm de **gengibre**

7,5 cm de **pepino** cortado em quatro no sentido do comprimento, sem sementes e em palitos finos

8 **inhames** pequenos descascados, aparados e lavados em água para retirar o amido

2 colheres (sopa) de **mirin**

½ colher (chá) de **sal marinho**

1 **pargo** grande (uns 700 g no total) em filés cortados ao meio

4 folhas de **shissô vermelho** (opcional)

MOLHO DE COZIMENTO:

125 ml/½ copo de **saquê**

125 ml/½ copo de **mirin**

150 ml/⅔ de copo de **shoyu**

1 CORTE o gengibre ao meio e fatie a metade em palitos finos. Cubra com água gelada. Escorra em papel-toalha e misture com o pepino.

2 COLOQUE o inhame em uma panela pequena, cubra com água fria e deixe ferver. Diminua o fogo e apure por 3-4 minutos até cozinhar bem, mas deixando ainda firme, e escorra. Acrescente 250 ml/1 copo de água na panela, junte o mirin e o sal e deixe ferver. Adicione o inhame à panela, diminua o fogo e apure em fogo baixo por 2-3 minutos. Escorra e reserve.

3 PREPARE o molho de cozimento misturando o saquê, o mirin e o shoyu com 250 ml/1 copo de água. Despeje em uma panela e leve para ferver. Junte o gengibre fatiado e o pargo, tampe e apure em fogo médio por uns 10 minutos ou até o molho engrossar.

4 PONHA um filé de peixe em cada um dos 4 pratos, regue com um pouco de molho e arrume dois inhames ao lado. Sirva com o shissô vermelho, se desejar, e os palitos de pepino e gengibre.

長命泉

MECA À TERIYAKI COM AIPO

KAJIKI-MAGURO NO TERIYAKI

RENDIMENTO: 4 PORÇÕES PREPARO: 15 MINUTOS
MARINADA: 10 MINUTOS COZIMENTO: 20 MINUTOS

Neste prato, o tom dourado do peixe é obtido pelo método de marinar e grelhar chamado teriyaki ("grelhado brilhante"). Peixes, frangos e carnes são muito bons para o teriyaki.

---

4 filés de **meca** (200 g cada um)

1 colher (sopa) de óleo **vegetal**, mais um pouco para untar

6 talos de **aipo** cortados na diagonal em fatias de 1 cm

um pouco de **shoyu**

uma pitada de **sanshô** em pó (opcional)

sal marinho e **pimenta** moída na hora

MOLHO TERIYAKI:

100 ml/½ copo de **shoyu**

185 ml/¾ de copo de **mirin**

185 ml/¾ de copo de **saquê**

1 **PREPARE** o molho teriyaki: coloque o shoyu, o mirin e o saquê em uma travessa rasa e misture bem. Junte o peixe, espalhe a marinada por cima e deixe por 10 minutos.

2 **AQUEÇA** uma frigideira antiaderente, ponha o óleo e o aipo e refogue por 3-4 minutos, até cozinhar ligeiramente. Tempere com um pouco de sal, pimenta e shoyu. Retire o aipo da panela e mantenha quente.

3 **LIMPE** a frigideira com um papel-toalha com um pouco de óleo e ponha 2 filés de meca. Frite em fogo médio por 2-3 minutos até dourar. Vire e regue o peixe com 4 colheres (sopa) de molho teriyaki. Frite por mais 2-3 minutos até dourar e continue a cozinhar, virando sempre, por mais 1-2 minutos. Retire da panela e reserve. Limpe a panela com o mesmo papel-toalha com óleo. Prepare os outros dois filés da mesma forma.

4 **ARRUME** um pouco do aipo no centro de 4 pratos e coloque um filé de meca em cada um. Regue o peixe com um pouco mais de molho teriyaki, um pouco de sanshô em pó, se desejar, e sirva.

ROBALO GRELHADO COM MISSÔ

SUSUZI NO MISO-YAKI

RENDIMENTO: 4 PORÇÕES PREPARO: 25 MINUTOS MARINADA: 3-7 DIAS, MAIS 20 MINUTOS DE SALGAMENTO COZIMENTO: 15 MINUTOS

Famoso em restaurantes japoneses do Ocidente, o missô-yaki ("grelhado no missô") é, ainda hoje, uma das técnicas antigas da culinária japonesa mais prestigiadas. Use qualquer peixe gordo, como o salmão ou a anchova.

---

2 **robalos** (aproximadamente 1,250 kg no total) cortados em filés e separados em 3 pedaços cada um

1 colher (chá) de **sal marinho**

4 **crisântemos de nabo** (*veja p. 20*) (opcional)

MARINADA DE MISSÔ:

600 g de **missô claro**

125 g de **missô**

6 colheres (sopa) de **saquê**

6 colheres (sopa) de **mirin**

1 **TEMPERE** o robalo com o sal e deixe por 20 minutos. Escorra em papel-toalha.

2 **PREPARE** a marinada de missô misturando o missô claro, o normal, o saquê e o mirin. Espalhe ⅓ da marinada em uma vasilha rasa que seja grande o suficiente para deixar 2 filés de robalo em camada única. Cubra a marinada com um pano fino de algodão, coloque metade dos filés abertos sobre o pano e cubra com outro pano. Espalhe metade do restante da marinada de missô em cima, cubra com outro pano e coloque os outros filés. Cubra com outro pano e espalhe o restante da marinada de missô. Finalmente, tampe e deixe na geladeira marinando por 3 dias (no mínimo) a 7 dias (no máximo).

3 **AQUEÇA** o forno em temperatura média. Retire o peixe da marinada e dos panos e leve ao forno por 4-5 minutos de cada lado, até dourar.

4 **ARRUME** os pedaços de robalo em cada um dos 4 pratos, ponha ao lado um crisântemo de nabo, se desejar, e sirva.

SALMÃO ENSOPADO

ISHIKARI NABE

RENDIMENTO: 4 PORÇÕES PREPARO: 20 MINUTOS, MAIS 10 MINUTOS DE SALGAMENTO COZIMENTO: 20 MINUTOS

Este é um ensopado caseiro, bem nutritivo, excelente para as noites geladas de inverno. Substitua o salmão por cação, badejo ou robalo e use os legumes que desejar. Este prato é uma boa maneira de acabar com as sobras da geladeira.

---

3 filés de **salmão** (uns 450 g no total) cortados em cubos grandes

sal marinho para salpicar

2 **cenouras** descascadas em cubos grandes

2 **nabos** em cubos grandes

4-5 colheres (sopa) de **missô**

1 colher (chá) de **dashi** em pó

2 **alhos-porós** cortados na diagonal em fatias de 2,5 cm

8 **cogumelos shitake** sem os talos

1 **tofu firme** (uns 300 g) cortado em cubos

30 g de **ervilhas-tortas**

pó de sete especiarias para salpicar (opcional)

1 **SALGUE** o salmão e reserve por 10 minutos.

2 **COLOQUE** a cenoura e o nabo em uma panela grande, encha até o meio com água (uns 450 ml/2 copos) e leve para ferver. Abaixe o fogo e apure em fogo médio por 3 minutos.

3 **ACRESCENTE** o salmão e continue a cozinhar, tirando a espuma que se formar na superfície.

4 **DILUA** o missô com um pouco do líquido do cozimento e misture à panela. Junte o dashi e ajuste o tempero.

5 **ADICIONE** o alho-poró, o shitake e o tofu e continue a apurar por mais 2 minutos. Coloque a ervilha-torta e deixe por mais 1 minuto.

6 **DISTRIBUA** o salmão e os legumes em 4 tigelas de sopa e sirva quente, polvilhado com um pouco de pó de sete especiarias, se desejar.

SHABU-SHABU DE CAÇÃO *ANKOU NABE*

RENDIMENTO: 4 PORÇÕES PREPARO: 25 MINUTOS COZIMENTO: 10 MINUTOS

O shabu-shabu, assim como o sukiyaki, é um prato de inverno para ser degustado ao redor da mesa, vagarosamente. Não há melhor maneira de apreciar a estação do que fazer um bom cozido quente e servi-lo para a família e os amigos.

---

1 posta de **cação** (uns 650 g no total) em cubos de 1 cm (reserve os ossos)

1 **tofu firme** (uns 300 g) em cubos de 2,5 cm

200 g de **shirataki**

8 folhas de **acelga** em quadrados de 5 cm

250 g de **espinafre** sem os talos grossos

um maço de **cogumelos enoki** ou **shimeji** lavados

8 **cogumelos shitake** sem os talos

4 **cogumelos eringi** ou **champignons** (opcional)

20 cm de **kombu** seco

MOLHO PONZU:

suco de 1 **limão-siciliano**

suco de 1 **limão**

7 colheres (sopa) de **shoyu**

1 colher (sopa) de **mirin**

uma pitada de **dashi** em pó dissolvido em 2 colheres (sopa) de água quente

1 colher (sopa) de **saquê**

1 **ARRUME** o peixe em uma travessa com o tofu e o shirataki.

2 **COLOQUE** a acelga em um canto da segunda travessa e disponha o espinafre e os cogumelos, limpos, ao lado.

3 **PONHA** o kombu e bastante água em um refratário grande com os ossos do peixe, leve ao fogo e deixe ferver. Retire e jogue fora o kombu e apure em fogo médio por 5 minutos. Retire os ossos do peixe e coloque o refratário em um fogareiro elétrico ou a gás sobre a mesa.

4 **FAÇA** o molho ponzu: coloque o suco dos dois tipos de limão, o shoyu, o mirin, o dashi e o saquê em uma tigela e misture bem. Distribua o molho em 4 pratinhos.

5 **ARRUME** o cação e os pratos de legumes sobre a mesa e coloque um pouco de cada ingrediente no refratário. Tire a espuma da superfície com uma colher e ajuste o fogo durante o cozimento, de forma que a água fique fervendo em temperatura baixa. Enquanto o peixe e os legumes são cozidos, os comensais se servem, mergulhando as peças no molho ponzu.

6 **ADICIONE** mais peixe e legumes ao refratário quando necessário. Use o caldo para cozinhar sobras de arroz ou de macarrão.

TEMPURÁ *TEMPURA*

RENDIMENTO: 4 PORÇÕES PREPARO: 35 MINUTOS COZIMENTO: 30 MINUTOS

A chave para o sucesso do tempurá está na massa dourada e crocante e na administração do tempo. Para uma massa leve, até a farinha deverá ser gelada (de véspera, de preferência), e o tempurá deve ser consumido imediatamente após o preparo.

---

8 **camarões** grandes crus e limpos (sem a cabeça e sem a casca mas com a cauda) (*veja p. 19*)

1 **pimentão verde** cortado em quatro sem sementes e cada quarto cortado ao meio no sentido da largura

1 **cenoura** pequena cortada ao meio no sentido do comprimento e cada pedaço cortado em quatro no sentido do comprimento

4 **cogumelos shitake** sem os talos

óleo vegetal para fritar

7,5 cm de **nabo** descascado e ralado

2,5 cm de **gengibre** descascado e ralado

MASSA:

2 **gemas** batidas

300 g/2½ copos de **farinha de trigo** peneirada e gelada de véspera, mais um pouco para polvilhar

MOLHO:

350 ml/1½ copo de **dashi** (*veja p. 27*)

5 colheres (sopa) de **shoyu**

5 colheres (sopa) de **mirin**

1 **PREPARE** o molho misturando o dashi, o shoyu e o mirin em uma panela. Deixe ferver, retire do fogo e reserve.

2 **FAÇA** talhos ao longo da barriga do camarão para ele não enrolar quando cozido. Passe o camarão, o pimentão e a cenoura na farinha, batendo-os no prato para tirar o excesso. Polvilhe o chapéu dos cogumelos com a farinha. Aqueça o óleo em uma fritadeira ou wok até 170°C.

3 **FAÇA** a massa: misture 450 ml/2 copos de água bem gelada nas gemas e peneire-as sobre a farinha gelada. Com um garfo, misture ligeiramente a massa, sem bater, pois ela deve ficar meio granulosa.

4 **MERGULHE** os pedaços de pimentão e de cenoura na massa, depois coloque-os um a um no óleo quente. Frite por 1-2 minutos até dourar ligeiramente. Escorra em papel-toalha. Ponha a parte de baixo do chapéu de shitake na massa e frite em óleo quente por 1-2 minutos.

5 **MERGULHE** os camarões um a um na massa, segurando-os pela cauda, e coloque-os com cuidado no óleo quente. Frite 4 camarões de cada vez por 2-3 minutos até dourar ligeiramente. Escorra em papel-toalha.

6 **ARRUME** o tempurá em 4 pratos com um montinho de nabo e gengibre ralados. Sirva imediatamente com o molho reaquecido.

COUVE-FLOR E SOJA VERDE COM MOLHO DE WASSABI

KARIFURAWA TO EDAMAME NO WASABI-AE

RENDIMENTO: 4 PORÇÕES PREPARO: 15 MINUTOS MARINADA: 10 MINUTOS COZIMENTO: 10 MINUTOS

O edamame (soja verde na vagem), com sua cor vibrante, pode ser encontrado fora do Japão. Caso não consiga comprá-lo, use ervilhas frescas para fazer este prato muito simples, porém delicioso e lindo.

---

1 **couve-flor** pequena (uns 300 g) separada em floretes de tamanhos semelhantes

sal marinho

300 g de **soja verde** na vagem (ou 120 g de soja debulhada)

4 folhas de **alface**

MOLHO DE WASSABI:

2 colheres (sopa) de **maionese**

¾ de colher (chá) de **wassabi** em pasta

2 colheres (sopa) de **suco de limão**

1 colher (chá) de **açúcar**

1 **LEVE** a couve-flor à fervura em água ligeiramente salgada, em fogo alto, por 3 minutos, até cozinhar ligeiramente. Passe em água corrente fria para resfriar rapidamente e escorra. Seque em papel-toalha e reserve.

2 **COZINHE** a soja verde na vagem em água fervente bem salgada, em fogo alto, por 4-5 minutos, até amolecer. Escorra e coloque em água corrente fria para resfriar rapidamente. Retire a soja da vagem (se optou por usar a soja solta ou as ervilhas, cozinhe em água ligeiramente salgada por 3 minutos, escorra e passe em água corrente fria. Seque em papel-toalha).

3 **PREPARE** o molho de wassabi misturando a maionese, o wassabi, o suco de limão e o açúcar em uma saladeira até ficar uniforme. Junte a couve-flor, misture-a com cuidado ao molho e deixe marinar por 10 minutos.

4 **ADICIONE** a soja e misture delicadamente. Coloque uma folha de alface em 4 pratos e, com uma colher, distribua a salada em cima.

VAGEM COM MOLHO BRANCO

NINJIN TO SAYAINGEN NO SHIRA-AE

RENDIMENTO: 4 PORÇÕES PREPARO: 15 MINUTOS COZIMENTO: 8 MINUTOS

A versatilidade do tofu e seu valor nutritivo podem ser apreciados de várias formas. Este molho de tofu acrescenta intensidade e sabor aos legumes. Use qualquer um deles ou uma mistura de seu agrado.

---

300 g de **vagens** limpas e cortadas na diagonal em pedaços de 5 cm

1 **cenoura** descascada e cortada em palitos de 5 cm

1 colher (sopa) de **gergelim preto**

MOLHO BRANCO:

½ **tofu firme** (uns 150 g) partido em 4-5 pedaços

1 colher (sopa) de **tahine**

2 colheres (chá) de **açúcar**

1-2 gotas de **shoyu**

sal marinho

1-2 colheres (sopa) de **leite de soja** ou **água**

1 **COZINHE** a vagem em água ligeiramente salgada, em fogo alto, por 3-4 minutos, até ficar tenra. Escorra e passe em água corrente fria para esfriar rapidamente. Seque em papel-toalha e reserve. Repita o processo com a cenoura.

2 **PARA** preparar o molho branco, ponha o tofu em uma panela com água bem quente e deixe ferver. Retire do fogo e passe no escorredor forrado com um pano fino ou pano de prato limpo. Deixe o tofu esfriar, embrulhe no pano e aperte para tirar o excesso de água. Desembrulhe e coloque em uma vasilha.

3 **ADICIONE** o tahine ao tofu e misture até formar uma pasta uniforme, pressionando com o dorso da colher. Adicione o açúcar, o shoyu e o sal a gosto. Em seguida, coloque o leite de soja, pouco a pouco, misturando para fazer um molho ligeiramente cremoso. Ajuste o tempero, adicionando mais shoyu ou sal, se necessário.

4 **COLOQUE** a vagem e a cenoura em uma vasilha grande, despeje o molho em cima e misture ligeiramente. Arrume em uma saladeira, salpique com o gergelim preto e sirva.

ASPARGOS COM MOLHO DE GERGELIM

ASUPARAGASU NO GOMÁ-AÊ

RENDIMENTO: **4** PORÇÕES PREPARO: **15** MINUTOS COZIMENTO: **10** MINUTOS

Gomá-aê ("molho adocicado de gergelim") é normalmente usado pelos japoneses para realçar os legumes cozidos. Neste caso, o macarrão harussame também fica coberto pelo molho.

24-28 **aspargos** cortados ao meio

shoyu a gosto

125 g de macarrão **harussame** (*veja p. 12*) deixado de molho na água por 10 minutos

2 colheres (sopa) de **suco de limão**

1 colher (sopa) de **azeite**

sal marinho e **pimenta** moída na hora

MOLHO DOCE DE GERGELIM:

5 colheres (sopa) de **gergelim branco** ligeiramente tostado

2 colheres (sopa) de **açúcar**

2 colheres (sopa) de **saquê**

1 **COZINHE** os aspargos em água ligeiramente salgada por 4-5 minutos até ficarem tenros. Escorra e passe em água corrente fria para resfriar rapidamente. Seque em papel-toalha, borrife com um pouco de shoyu e reserve.

2 **ESCORRA** o harussame e cozinhe em água fervente, em fogo médio, por 6-7 minutos até amolecer. Escorra e passe em água corrente fria. Escorra outra vez e seque ligeiramente em papel-toalha. Coloque em uma vasilha e junte o suco de limão, o azeite, o sal e a pimenta a gosto. Misture bem.

3 **PARA** fazer o molho adocicado, bata o gergelim no moedor japonês (*veja p. 23*) ou moedor elétrico até amassar metade das sementes. Adicione o açúcar, o saquê e uma pitada de sal e misture bem.

4 **REGUE** o harussame com 2 colheres (sopa) de molho de gergelim e misture até incorporar o molho.

5 **ACRESCENTE** os aspargos cozidos ao resto do molho e misture delicadamente. Arrume-os sobre uma camada de harussame e sirva.

SALADA DE BRÓCOLIS COM MOLHO SAMBAIZU DE ALICI

BUROKKORI NO ANCHOBI SAMBAIZU-AÊ

RENDIMENTO: 4 PORÇÕES PREPARO: 10 MINUTOS COZIMENTO: 7 MINUTOS

O sambaizu ("três partes de vinagre") é um tradicional molho de salada japonês com açúcar, shoyu e vinagre de arroz. O alici é acrescentado nesta versão para dar mais personalidade e também para reduzir a doçura, embora os vegetarianos possam optar por não usá-lo.

---

300 g de **brócolis** separados em floretes

½ maço de **agrião** em ramos pequenos

1 colher (chá) de **óleo de gergelim**

MOLHO SAMBAIZU DE ALICI:

3 filés de **alici**

1 colher (sopa) de **açúcar**

2 colheres (sopa) de **vinagre de arroz**

2 colheres (sopa) de **shoyu**

1 **COZINHE** os brócolis em água fervente ligeiramente salgada, em fogo médio, por uns 5 minutos, até ficarem macios mas ainda firmes. Escorra e passe em água corrente fria para bloquear o cozimento. Seque em papel-toalha e reserve.

2 **FAÇA** o molho sambaizu de alici: bata os filés no moedor japonês (*veja p. 23*) ou no processador até obter uma pasta uniforme. Adicione o açúcar, o vinagre de arroz e o shoyu e mexa bem, até o açúcar se dissolver.

3 **PONHA** os brócolis e o agrião em uma tigela, regue com o molho e o óleo de gergelim. Mexa com cuidado para recobrir a salada com o molho por igual.

4 **DISTRIBUA** a salada em 4 pratos individuais e sirva.

SALADA ÁCIDA DE AIPO E PEPINO COM COGUMELOS *ENOKI NO SUNOMONO*

RENDIMENTO: 4 PORÇÕES PREPARO: 15 MINUTOS MARINADA: 10 MINUTOS

Este sunomono (salada com molho de vinagre) leva cogumelos frescos e aipo, que lhe dão uma maravilhosa textura crocante.

½ **pepino** cortado em quatro sem sementes e fatiado na diagonal em tiras de 5 cm

2 colheres (chá) de **sal marinho**

2 talos de **aipo** fatiados na diagonal em tiras de 5 cm

um maço de **cogumelos enoki** ou **champignons** limpos e separados

1-2 colheres (chá) de **óleo de gergelim**

2,5 cm de **gengibre** descascado e cortado em tiras finas

VINAGRETE:

5 colheres (sopa) de **vinagre de arroz**

1 colher (sopa) de **açúcar**

1 colher (sopa) de **saquê**

1 colher (sopa) de **mirin**

½ colher (sopa) de **shoyu**

1 **MISTURE** 1 colher (chá) de sal no pepino. Pressione-o com as mãos algumas vezes. Tire o excesso de água, espremendo. Ponha em uma vasilha. Repita o processo com o aipo usando o sal restante.

2 **ADICIONE** os cogumelos aos legumes e misture delicadamente.

3 **DEIXE** o gengibre em água gelada por 1 minuto, escorra e seque em papel-toalha.

4 **PREPARE** o vinagrete colocando o vinagre, o açúcar, o saquê, o mirin e o shoyu em uma tigela pequena e mexendo bem até o açúcar se dissolver. Regue os legumes com o molho, misture delicadamente e deixe marinar por 5 minutos, até os cogumelos murcharem um pouco. Borrife com um pouco de óleo de gergelim e misture novamente.

5 **DISTRIBUA** a salada em 4 pratos, adicione o gengibre e sirva.

SOJA COZIDA

DAIZU NO GOMOKU-NI

RENDIMENTO: 4 PORÇÕES PREPARO: 15 MINUTOS DEMOLHA: 8 HORAS COZIMENTO: 2 HORAS

O delicado sabor da soja ("daizu") pode ser mais apreciado se ela for cozida com o kombu, rico em sabor umami, como nesta receita caseira tradicional.

---

150 g/¾ de copo de **soja** em grãos lavada e deixada de molho na véspera em água fria

5 cm de **kombu** em quadrados de 8 mm

3 colheres (sopa) de **açúcar**

2 colheres (sopa) de **shoyu**

1 **cenoura** descascada e cortada em cubos de 1 cm

½ **konnyaku** (uns 125 g) cortado em cubos de 1 cm (opcional)

1 **ESFREGUE** a soja nas mãos e jogue fora a película transparente que a envolve. Coloque-a em uma panela, adicione água em quantidade três vezes maior que a de soja e deixe ferver em fogo alto. Quando começar a formar espuma na superfície, retire a panela do fogo e escorra. Enxágue a soja para retirar a espuma.

2 **RECOLOQUE** a soja na panela, junte o kombu e 850 ml/3½ copos de água e deixe ferver em fogo alto. Abaixe o fogo e apure com a panela meio tampada, por cerca de 1 hora, até os grãos amolecerem.

3 **TEMPERE** a soja com o açúcar e o shoyu, misture e continue a apurar o cozido tampado por 30 minutos. Junte a cenoura e o konnyaku, se for usar, misture e continue a cozinhar por mais 30 minutos.

4 **PONHA** o cozido em uma tigela funda e sirva quente ou frio.

COZIDO CLÁSSICO DE LEGUMES

YASAI NO NISHIME

RENDIMENTO: 4 PORÇÕES PREPARO: 20 MINUTOS DEMOLHA: 30 MINUTOS
COZIMENTO: 25 MINUTOS

O alimento simples, sem grandes elaborações, é a essência da culinária japonesa, e não há melhor exemplo que este cozido de legumes em molho adocicado de shoyu. Os vegetarianos podem usar o líquido da demolha do shitake como caldo, adicionando mais água para chegar à quantidade da receita.

---

1 **konnyaku** (uns 250 g) (opcional)

40 g de **ervilhas-tortas** limpas

um pedaço de 10 x 30 cm de **kombu** desidratado

2 **cenouras** descascadas cortadas em rodelas

2 **nabos** cortados em 6 fatias

8 **cogumelos shitake** desidratados deixados de molho em água quente por 30 minutos, escorridos e sem talos

MOLHO DE COZIMENTO:

1 litro/4 copos de **dashi** (*veja p. 27*)

4 colheres (sopa) de **shoyu**

3 colheres (sopa) de **açúcar**

4 colheres (sopa) de **mirin**

4 colheres (sopa) de **saquê**

1 FATIE o konnyaku, se for usá-lo, cortando pedaços retangulares de 5 mm de espessura. Faça um corte de 3 cm no meio do pedaço, no sentido do comprimento. Passe um dos lados dentro do corte para fazer um nó.

2 LEVE para ferver a ervilha-torta em água ligeiramente salgada, em fogo médio, por 1 minuto. Escorra, passe em água corrente fria para resfriar rapidamente e reserve.

3 UMEDEÇA o kombu com papel-toalha molhado. Corte oito tiras de 2,5 x 15 cm e faça um nó no centro.

4 PREPARE o molho de cozimento: misture o dashi, o shoyu, o açúcar, o mirin e o saquê em uma panela e mexa até o açúcar se dissolver. Junte a cenoura, o nabo, o konnyaku, o shitake e o kombu e deixe ferver em fogo alto. Retire a espuma que se formar na superfície.

5 DIMINUA o fogo, tampe e cozinhe em fogo médio por 12-15 minutos, até o molho se reduzir a $^2/_3$. Deixe esfriar.

6 ARRUME os legumes em 4 tigelas e sirva.

SALADA DE TOFU COM MOLHO DE UMEBOSHI *HIYA-YAKKO SALADA UMEBOSHI AE*

RENDIMENTO: 4 PORÇÕES PREPARO: 10 MINUTOS DEMOLHA: 10 MINUTOS

Perfeito para um dia de verão, este prato refrescante e muito nutritivo é de preparo rápido. As umeboshis (ameixas japonesas em conserva) são excelentes para a digestão e podem ser encontradas em lojas de produtos orientais.

---

2 colheres (sopa) de alga **wakame** deixada de molho na água por 10 minutos

1 talo de **cebolinha** cortado em tiras de 5 cm

2 **tofus firmes** (uns 700 g) cortados em cubos de 2,5 cm

2 **tomates** grandes descascados e sem sementes cortado em cubos

sal marinho e **pimenta** moída na hora

4 folhas grandes de **alface** para servir

MOLHO DE UMEBOSHI:

2 **umeboshis** sem caroço

2 colheres (sopa) de **shoyu**

2 colheres (sopa) de **vinagre de arroz**

1 **ESCORRA** o wakame e esprema-o, tirando o excesso de água. Seque em papel-toalha e tempere com um pouco de sal e pimenta, mexendo ligeiramente.

2 **CUBRA** as tiras de cebolinha com água gelada por 1 minuto ou mais e escorra em papel-toalha.

3 **PREPARE** o molho colocando as umeboshis no moedor japonês (*veja p. 23*) ou no processador e bata até obter uma pasta uniforme. Adicione o shoyu, o vinagre de arroz, o sal e a pimenta a gosto e misture.

4 **PONHA** o tofu, os tomates e o wakame em uma tigela, regue com o molho e misture com delicadeza.

5 **COLOQUE** uma folha de alface no centro das tigelas e por cima a salada de tofu. Sirva enfeitada com as tiras de cebolinha.

COUVE-CHINESA COM VÔNGOLES AO MOLHO DE MOSTARDA *PAKUCHOI TO ASARI NO KARASHI-AE*

RENDIMENTO: 4 PORÇÕES PREPARO: 10 MINUTOS COZIMENTO: 5 MINUTOS

Tradicionalmente, usa-se o espinafre nesta receita, mas o espinafre ocidental apresenta textura mais macia e tem menos sabor que as variedades orientais, como o horenssô, por isso aqui sugerimos a couve-chinesa. O resultado é uma salada saborosa, crocante e ácida.

---

300 g de **couve-chinesa**

sal marinho

100 g de **vôngoles** cozidos em salmoura

MOLHO DE MOSTARDA:

2 colheres (chá) de **mostarda inglesa** (em pó)

2 colheres (sopa) de **suco de limão**

1 colher (sopa) de **shoyu**

2 colheres (sopa) da **salmoura dos vôngoles**

1 **LEVE** a couve-chinesa para ferver em água ligeiramente salgada por 2 minutos, em fogo médio, até ficar tenra. Escorra e passe em água corrente fria para resfriar rapidamente. Esprema o excesso de água e apare as pontas. Corte as folhas em fatias de 4 cm; se a parte larga branca central for grande, corte as folhas ao meio.

2 **ESCORRA** os vôngoles, reservando 2 colheres (sopa) da salmoura, e coloque na tigela com a couve-chinesa.

3 **PARA** fazer o molho, coloque a mostarda, o suco de limão, o shoyu e a salmoura reservada dos vôngoles em uma vasilha e misture bem. Regue as folhas e os vôngoles com o molho e mexa delicadamente.

4 **ARRUME** a salada em 4 pratos e sirva.

TIGELA DE ARROZ COM FRANGO MOÍDO E OVO PICADO *SOBORO DONBURI*

RENDIMENTO: 4 PORÇÕES PREPARO: 15 MINUTOS DEMOLHA: 30 MINUTOS COZIMENTO: 20 MINUTOS

Soborô é um termo que descreve alimentos com textura flocada, como este frango moído com ovo. Este prato pode ser acondicionado em vasilha própria para ser levado à escola ou ao trabalho.

---

3 colheres (sopa) de **óleo vegetal**

500 g de **frango** moído

suco espremido de 2,5 cm de **gengibre** ralado

3 colheres (sopa) de **saquê**

6 colheres (sopa) de **shoyu**

2 colheres (sopa) de **açúcar**

3 **ovos** batidos

¾ de colher (chá) de **sal marinho**

40 g de **ervilhas-tortas** limpas

2 receitas de **Arroz japonês simples** (*veja p. 24*)

4 **flores de rabanete** (*veja p. 20*) (opcional)

1 **AQUEÇA** 2 colheres (sopa) de óleo vegetal e cozinhe o frango com o molho de gengibre, o saquê, o shoyu, 1 colher (sopa) de açúcar e 1 colher (sopa) de água. Cozinhe por 4-5 minutos, mexendo e desmanchando o frango com o dorso do garfo até a carne perder a cor. Retire do fogo, deixe esfriar e passe no processador ou moa. Reserve.

2 **MISTURE** os ovos, o sal e o resto do açúcar. Aqueça o óleo restante em uma frigideira limpa e adicione a mistura de ovo. Mexa delicadamente e sempre até o ovo virar um farelo. Se necessário, pique mais um pouco com uma faca. Retire do fogo e reserve.

3 **COZINHE** a ervilha-torta em água ligeiramente salgada por 1 minuto, escorra e passe em água corrente fria para resfriar rapidamente. Enxugue em papel-toalha e corte em tiras finas.

4 **DISTRIBUA** o arroz cozido em 4 tigelas fundas. Cubra metade do arroz de cada tigela com ¼ da mistura de frango e a outra metade com ¼ do ovo. Arrume a ervilha-torta em uma carreira no centro, separando-os. Se desejar, enfeite com uma flor de rabanete. Sirva.

TIGELA DE ARROZ COM FRANGO E OVO

OYAKO DONBURI

RENDIMENTO: 4 PORÇÕES PREPARO: 15 MINUTOS COZIMENTO: 25 MINUTOS

Este popular prato de almoço chamado oyako ("pai e filho") leva dois ingredientes principais: frango e ovo. Prepare porções individuais usando uma frigideira pequena. O ovo deve ficar um pouco mole para embeber bem o arroz que fica por baixo.

1½ receita de **Arroz japonês simples** (*veja p. 24*) mantido aquecido

4 **coxas desossadas** (uns 350 g) sem pele fatiadas na diagonal em pedaços pequenos

1 **cebola** cortada em meia-lua

150 g de **rúcula**

4 **ovos** batidos

MOLHO DE COZIMENTO:

250 ml/1 copo de **dashi** (*veja p. 27*)

7 colheres (sopa) de **shoyu**

2 colheres (sopa) de **açúcar**

4 colheres (sopa) de **saquê**

4 colheres (sopa) de **mirin**

1 **PREPARE** o molho de cozimento misturando o dashi, o shoyu, o açúcar, o saquê e o mirin em uma panela. Deixe ferver em fogo alto, mexendo até o açúcar se dissolver. Tire do fogo.

2 **DISTRIBUA** o arroz em 4 tigelas e cubra com uma tampa ou pires pequeno para mantê-lo aquecido.

3 **COLOQUE** ¼ do molho de cozimento em uma panquequeira ou frigideira pequena (uns 15 cm de diâmetro) e deixe ferver. Junte ¼ do frango e da cebola e cozinhe em fogo médio por 3-4 minutos, mexendo, até o frango perder a cor.

4 **ADICIONE** ¼ da rúcula à panela e despeje 1 ovo batido, espalhando-a uniformemente sobre a superfície. Tampe e continue a cozinhar por uns 30 segundos, sacudindo com cuidado a frigideira. Não cozinhe demais para que a mistura fique solta e com um pouco de caldo.

5 **TIRE** do fogo e ponha a mistura na tigela, cobrindo a superfície com uma porção de arroz. Recoloque a tampa para mantê-la aquecida e prepare as outras 3 porções de frango, rúcula e ovo da mesma forma.

ARROZ COM CASTANHAS

KURI GOHAN

RENDIMENTO: 4 PORÇÕES PREPARO: 15 MINUTOS DEMOLHA: 30 MINUTOS COZIMENTO: 15 MINUTOS

As castanhas representam o outono e, assim que aparecem no mercado, este prato surge nas mesas japonesas. É possível usar arroz comum, mas o arroz glutinoso proporciona mais peso e textura ao prato.

---

175 g/¾ de copo de **arroz japonês de grão curto**

70 g/⅓ de copo de **arroz glutinoso**

um quadrado de 5 cm de **kombu** seco (opcional)

5-6 **castanhas** frescas

2 colheres (sopa) de **saquê**

½ colher (chá) de **sal marinho**

gergelim tostado

1 **COLOQUE** os dois tipos de arroz em uma tigela e misture bem. Lave, trocando a água várias vezes até ela ficar límpida, e escorra. Ponha o arroz em uma panela de fundo grosso de uns 14 cm de diâmetro. Adicione 350 ml/1½ copo de água e o kombu, se desejar. Reserve por 30 minutos.

2 **COZINHE** as castanhas em água fervente por 10 minutos, escorra e descasque, cortando-as em 2-3 pedaços.

3 **MISTURE** o saquê e o sal com o arroz e espalhe as castanhas por cima. Tampe a panela e deixe ferver em fogo médio. Abaixe o fogo para o mínimo e apure por 12 minutos até a água ser absorvida, mas ainda com formação de bolhinhas na superfície do arroz.

4 **TIRE** e jogue fora o kombu. Mexa delicadamente o arroz com uma espátula de madeira, de baixo para cima, e continue a apurar, tampado, por mais 1 minuto. Retire a panela do fogo e deixe em repouso, ainda coberta, por 10 minutos.

5 **MEXA** novamente o arroz do fundo para a superfície para distribuir as castanhas por igual. Sirva quente em tigelas de arroz, salpicando um pouco de gergelim por cima.

SOPA DE ARROZ COM BETERRABA E COGUMELOS *KINOKO IRI BITSU ZOUSUI*

RENDIMENTO: 4 PORÇÕES PREPARO: 15 MINUTOS COZIMENTO: 20 MINUTOS

Este prato típico e tradicional, normalmente preparado com o caldo básico dashi, se torna mais bonito e apetitoso com a adição de beterraba fresca. A zoussui (sopa de arroz) é uma boa alternativa para aproveitar as sobras de arroz frio.

---

1 **beterraba** crua

1 colher (chá) de **dashi** em pó

1-2 colheres (chá) de **sal marinho**

3 colheres (sopa) de **shoyu**

70 g de **cogumelos shimeji** lavados e separados

4 **cogumelos shitake** limpos e fatiados

60 g de **cogumelos enoki** ou **champignons** limpos

uma receita de **Arroz japonês simples** (*veja p. 24*) quente ou frio

um pouco de **suco de limão**

1 **cebolinha** desfiada

1 **TIRE** a raiz da beterraba, descasque-a e corte em palitos finos. Coloque em uma panela com 1,25 litro/5 copos de água e deixe ferver em fogo alto. Abaixe o fogo e apure por uns 15 minutos, até cozinhar. Adicione o dashi em pó e tempere a gosto com sal e shoyu.

2 **JUNTE** o shimeji à panela, deixe ferver novamente e apure em fogo médio por 1 minuto. Adicione o shitake e apure por mais 1 minuto. Junte o enoki e deixe por mais 1 minuto, retirando a panela do fogo em seguida.

3 **DISTRIBUA** o arroz quente, se for usá-lo, em 4 tigelas e despeje a sopa por cima. Coloque os cogumelos, junte o suco de limão e sirva quente, salpicada com a cebolinha desfiada. Caso utilize arroz frio, junte-o à sopa para aquecer bem antes de colocá-la nas tigelas e servir conforme a receita.

SOPA DE LAMEN COM CARNE DESFIADA *GYUNIKU NO SENGIRI IRI RAMEN*

RENDIMENTO: 4 PORÇÕES PREPARO: 20 MINUTOS COZIMENTO: 20 MINUTOS

A sopa lamen japonesa popularizou-se no mundo todo, seguindo a trilha de sucesso dos sushis, e, assim como eles, pode ser servida com vários ingredientes. Nesta receita, a carne e os legumes são fatiados bem fino.

---

400 g de **lamen** seco

350 g de **alcatra** semicongelada para cortar em fatias finas

1,5 litro/6 copos de **caldo de frango**

2,5 cm de **gengibre fresco** em fatias grossas

2 dentes de **alho** cortados ao meio

2 colheres (sopa) de **saquê**

150 ml/⅔ de copo de **shoyu**, mais 1 colher (sopa) para refogar

1 **couve-chinesa** ou ¼ de **acelga** pequena limpa e picada

2 colheres (sopa) de **óleo vegetal**

8 **cogumelos shitake** secos deixados de molho em água morna por 30 minutos, escorridos e fatiados

sal marinho e **pimenta** moída na hora

1 **COZINHE** o lamen seguindo as instruções da embalagem e escorra. Passe em água fria para retirar o amido, escorra em peneira fina e reserve.

2 **CORTE** a carne em tiras finas e deixe descongelar completamente enquanto prepara os outros ingredientes.

3 **AQUEÇA** o caldo de frango em uma panela, junte o gengibre e o alho e apure em fogo médio por 10 minutos. Retire os temperos com uma escumadeira e jogue fora. Tempere o caldo com o saquê, o shoyu, o sal e a pimenta, a gosto. Retire o caldo do fogo em seguida.

4 **REFOGUE** a couve-chinesa em uma frigideira ou wok com 1 colher (sopa) de óleo, em fogo médio, por 1-2 minutos, e coloque-a em um prato. Junte o resto do óleo e refogue o shitake e a carne em fogo médio, por 2-3 minutos, até a carne perder a cor. Tempere com 1 colher (sopa) de shoyu, o sal e a pimenta e retire do fogo.

5 **JOGUE** água fervente sobre o lamen cozido para aquecê-lo, escorra e distribua em 4 tigelinhas. Com uma concha, ponha a sopa sobre o lamen e em seguida a carne, o shitake e a couve-chinesa. Sirva quente.

SOBA COM TEMPURÁ

TEMPURA SOBA

RENDIMENTO: 4 PORÇÕES PREPARO: 20 MINUTOS COZIMENTO: 30 MINUTOS

O macarrão soba pode ser consumido quente, em caldo dashi, ou frio, com molho. O soba simples e leve com o tempurá dourado e crocante, aqui apresentados, fazem uma combinação surpreendente. Este prato é um dos itens constantes nos cardápios de restaurantes de soba.

---

400 g de **soba** (macarrão de trigo-sarraceno)

150 g de **camarões** crus descascados

1 **cenoura** pequena cortada em palitos

1 **nabo redondo** cortado em palitos

60 g de **vagem de metro** cortada em palitos

150 g/1¼ de copo de **farinha de trigo** gelada peneirada

óleo vegetal para fritura

CALDO:

1,25 litro/5 copos de **dashi** (*veja p 27*)

1 colher (chá) de **sal marinho**

1 colher (sopa) de **açúcar**

125 ml/½ copo de **shoyu**

1 **COZINHE** o soba seguindo as instruções do fabricante e escorra. Enxágue, para retirar o amido, e escorra em uma peneira fina. Reserve.

2 **COLOQUE** os camarões e os legumes em uma tigela, polvilhe com um pouco de farinha e misture bem. Peneire o resto da farinha sobre 150 ml/1 copo de água bem gelada e, com um garfo, incorpore-a sem bater. Junte os camarões e os legumes e misture delicadamente.

3 **AQUEÇA** o óleo vegetal a 170°C em uma fritadeira elétrica ou wok.

4 **COM** uma colher, pegue ¼ da mistura de camarão e legumes e coloque cuidadosamente no óleo quente. Frite por 3-4 minutos, virando uma ou duas vezes, até dourar e ficar crocante. Retire e escorra em papel-toalha. Repita o processo com as 3 porções restantes.

5 **PONHA** os ingredientes para o caldo em uma panela e deixe ferver, mexendo até o açúcar se dissolver. Junte o soba e aqueça bem. Distribua o soba e o caldo em 4 tigelas pequenas e coloque os tempurás por cima. Sirva quente.

LAMEN FRITO COM FRUTOS DO MAR

KAISEN YAKISOBA

RENDIMENTO: 4 PORÇÕES PREPARO: 15 MINUTOS COZIMENTO: 10 MINUTOS

O lamen agrada a todos e serve para qualquer ocasião, embora seja mais consumido no almoço ou como um lanche nutritivo. Este prato colorido foi criado para as crianças, que precisam de algo mais substancioso após um dia na escola.

---

400 g de **lamen**

4 colheres (sopa) de **óleo vegetal**, mais um pouco para salpicar

2,5 cm de **gengibre** descascado e bem picado

1-2 dentes de **alho** bem picado

400 g de **frutos do mar** sortidos cozidos

1 colher (sopa) de saquê

200 g de **brotos de feijão** limpos

40 g de **ervilhas-tortas** cortadas ao meio na diagonal

½ **pimentão vermelho** em tiras

1 colher (sopa) de **shoyu**

sal marinho e **pimenta** moída na hora

2 talos de **cebolinha** bem picada

flocos de nori verde (opcional)

1 **COZINHE** o lamen seguindo as instruções da embalagem e escorra. Enxágue para retirar o amido e escorra em peneira fina. Enxugue em papel-toalha, regue com um pouco de óleo vegetal e misture ligeiramente.

2 **AQUEÇA** uma frigideira ou wok, junte metade do óleo e refogue o gengibre e o alho, em fogo médio, por 1 minuto. Adicione os frutos do mar, refogue em fogo alto por 1-2 minutos e regue com o saquê.

3 **JUNTE** os brotos de feijão, a ervilha-torta e o pimentão vermelho e refogue por mais 1-2 minutos. Tempere com sal e pimenta e ponha o shoyu. Retire a panela do fogo e coloque os frutos do mar e legumes em uma tigela.

4 **AQUEÇA** uma frigideira ou wok limpa, acrescente o óleo restante e refogue o lamen delicadamente, em fogo médio, por 1 minuto. Junte os frutos do mar e os legumes com o caldo do cozimento resultante e misture. Refogue por mais 1-2 minutos. Retire do fogo.

5 **DISTRIBUA** em 4 pratos, salpique com a cebolinha e os flocos verdes de nori, se desejar, e sirva imediatamente.

MACARRÃO UDON EM CALDO DE OVOS *KAKITAMA UDON*

RENDIMENTO: 4 PORÇÕES PREPARO: 15 MINUTOS
COZIMENTO: 15 MINUTOS

O macarrão udon, leve e saboroso, sacia a fome e é um prato popular para o almoço ou jantar tardio. Adicione qualquer legume, fruto do mar ou carne a este prato simples e delicioso.

---

400 g de macarrão **udon**

3 colheres (sopa) de **amido de milho** misturadas com 3 colheres (sopa) de água, formando uma pasta

4 **ovos** batidos

brotos de agrião

2,5 cm de **gengibre** descascado e ralado (opcional)

CALDO:

1¼ litro/5 copos de **dashi** (*veja p. 27*)

1½ colher (chá) de **sal marinho**

1 colher (sopa) de **açúcar**

120 ml/½ copo de **shoyu**

1 **COZINHE** o udon seguindo as instruções da embalagem e escorra. Enxágue para retirar o amido e escorra em peneira fina. Reserve.

2 **PREPARE** o caldo juntando o dashi, o sal, o açúcar e o shoyu em uma panela. Em fogo alto, deixe levantar fervura, mexendo até dissolver o açúcar. Abaixe o fogo e, aos poucos, acrescente a mistura de amido de milho, mexendo sempre. O caldo deve engrossar um pouco.

3 **JUNTE** os ovos batidos, despejando-os cuidadosamente sobre a superfície do caldo. Cozinhe por 2-3 minutos em fogo médio, até o ovo subir à superfície. Retire do fogo.

4 **DESPEJE** água fervente sobre o macarrão cozido para aquecê-lo, escorra e distribua em 4 tigelas. Com uma concha, ponha o caldo de ovos, despejando-o sobre o macarrão, e sirva guarnecido com os brotos de agrião e um punhado de gengibre ralado, se desejar.

BOLINHOS DE ARROZ COM COBERTURA DOCE DE AZUQUI *OHAGI*

RENDIMENTO: 8 BOLINHOS PREPARO: 25 MINUTOS
DEMOLHA: 3 HORAS OU DE VÉSPERA COZIMENTO: 1 HORA

Este é um bolinho para comemorações, pois sua cor indica uma ocasião festiva. Pode-se comprar a pasta doce de azuqui pronta, mas é fácil fazê-la em casa.

---

150 g de **arroz glutinoso**

ramos de **mitsuba** (opcional)

PASTA DOCE DE AZUQUI:

120 g/⅔ de copo de **feijão-azuqui** deixado de molho por 3-4 horas ou de véspera

120 g/⅔ de copo de **açúcar**

uma pitada de **sal**

1 **COZINHE** o arroz em 220 ml/1 copo de água, seguindo as instruções da página 24. Enquanto o arroz ainda está morno, bata-o suavemente com um pilão úmido ou amasse-o ligeiramente com um rolo de macarrão.

2 **ESCORRA** o feijão-azuqui, coloque-o em uma panela, cubra com muita água e deixe levantar fervura. Cozinhe por 3 minutos em fogo alto e escorra. Leve o feijão à panela, acrescente 450 ml/2 copos de água e deixe ferver novamente. Abaixe o fogo, tampe parcialmente e apure por 30-45 minutos. Junte o açúcar em duas etapas e uma pitada de sal, mexendo bem até se dissolverem. Apure por mais 10-15 minutos.

3 **COM** um espremedor de batatas e a panela ainda em fogo baixo, amasse o feijão com o líquido de cozimento, mexendo sempre, até que ele evapore e o feijão forme uma massa homogênea. Deixe esfriar.

4 **DIVIDA** o arroz em 8 porções e faça bolinhos ovais. Espalhe 1 colher (sopa) da pasta de feijão em um prato raso, de uns 7,5 cm de diâmetro, no centro de um pano úmido de uns 15 cm^2. Coloque o bolinho no centro da pasta e, com a ajuda do pano, envolva-o com a pasta, cobrindo-o por inteiro. Repita a operação com os outros bolinhos.

5 **PONHA** 2 bolinhos em cada um dos 4 pratos e junte (se desejar) um raminho de mitsuba para decorar.

PANQUECAS DORAYAKI

DORAYAKI

RENDIMENTO: 4 PORÇÕES PREPARO: 20 MINUTOS
DEMOLHA: 3 HORAS OU DE VÉSPERA COZIMENTO: 15 MINUTOS

Os bolinhos japoneses usam muito a pasta doce de azuqui (an). Estas panquecas redondas em forma de gongo, recheadas com an e dobradas, são simples e gostosas de fazer.

---

1 **ovo** grande batido

5 colheres (sopa) de **açúcar**

1½ colher (chá) de **mel** claro

90 g/⅔ de copo de **farinha de trigo** peneirada

½ colher (chá) de **fermento em pó**

óleo vegetal para fritura

uma receita de **Pasta doce de azuqui** (*veja p. 170*)

folhas de **shissô** (opcional)

1 **MISTURE** o ovo, o açúcar e o mel em uma tigela e, com um batedor manual, bata bem até o açúcar se dissolver.

2 **JUNTE** a farinha, aos poucos, batendo sempre, até obter uma massa uniforme. Dissolva o fermento em pó em 5 colheres (sopa) de água e, mexendo vagarosamente, incorpore à massa. Depois, bata bem.

3 **AQUEÇA** uma frigideira de uns 20 cm de diâmetro em fogo médio. Despeje um pouco de óleo e espalhe no fundo com o auxílio de papel-toalha. Reduza o fogo ao mínimo e, com uma concha, coloque 3 colheres de sopa de massa na frigideira. A massa deve se espalhar em um círculo de uns 8 cm de diâmetro. Repita a operação mais duas vezes e frite 3 panquecas por vez.

4 **ASSE** as panquecas durante 3 minutos, vire, deixe do outro lado por 2 minutos, até dourar dos dois lados. Coloque-as em um prato e repita a operação para obter 8 panquecas.

5 **ESPALHE** 1 colher (sopa) bem cheia de pasta doce de azuqui no centro da panqueca e dobre-a ao meio, formando uma meia-lua. Repita o processo com a massa e o recheio restantes. Enfeite com as folhas de shissô (se desejar) e sirva quentes ou frias.

SALADA DE FRUTAS COM GELATINA DE GENGIBRE *SHOUGA KANTEN NO FURUTSU SALADA*

RENDIMENTO: **4** PORÇÕES PREPARO: **10** MINUTOS
REPOUSO: **10** MINUTOS COZIMENTO: **15** MINUTOS

A gelatina feita com ágar-ágar, um extrato de algas, é incrivelmente leve e suave para o paladar e contrasta bem com a cor e a textura da salada de frutas frescas.

---

1 colher (sopa) de **açúcar**

1 pacote de **ágar-ágar** em pó

suco espremido de 2,5 cm de **gengibre** ralado

1 **maçã vermelha** pequena descaroçada cortada em 8 (opcional)

½ **maçã verde** descaroçada cortada em 4-6 meias-luas

1 **caqui** pequeno cortado em meias-luas

6 **morangos** sem cabinhos cortados ao meio

um punhado de **mirtilos** ou **framboesas**

CALDA:

250 ml/1 copo de **água de rosas**

5 colheres (sopa) de **mel** claro

1 **AQUEÇA** 250 ml/1 copo de água em uma panela, em fogo médio, adicione o açúcar e polvilhe com o ágar-ágar. Mexa ligeiramente por 1-2 minutos até o açúcar e o ágar-ágar se dissolverem (não deixe a mistura ferver). Retire a panela do fogo.

2 **JUNTE** o suco de gengibre à água do ágar-ágar. Passe para um molde metálico de uns 12 x 7,5 x 5 cm, deixe esfriar e endurecer por uns 30 minutos.

3 **ESQUENTE** a água de rosas em uma panela pequena, em fogo médio, e adicione o mel, mexendo sempre (não deixe a mistura ferver). Espere engrossar ligeiramente, retire do fogo e deixe esfriar. Leve à geladeira.

4 **PONHA** as maçãs fatiadas em água salgada por 1 minuto, escorra e enxugue em papel-toalha. Faça um corte em forma de V no meio de cada quarto de maçã vermelha, penetrando na polpa apenas até logo embaixo da casca. Solte a casca, obtendo 8 pares de "orelhas de coelho", se desejar.

5 **RETIRE** a gelatina de gengibre do molde virando-a e corte em cubos de 1-2 cm. Coloque em uma tigela com a maçã, o caqui e os morangos e cubra com a calda gelada de água de rosas.

6 **DISTRIBUA** a salada de frutas em 4 tigelas e espalhe os mirtilos por cima.

PITAIA COM GELATINA DE FRUTAS VERMELHAS *DORAGON FURUTSU NO KURANBERI KANTEN SOE*

RENDIMENTO: 4 PORÇÕES PREPARO: 5 MINUTOS REPOUSO: 30 MINUTOS COZIMENTO: 5 MINUTOS

O sabor ácido das frutas vermelhas e o adocicado da exótica pitaia combinam nesta linda sobremesa, de efeito visual surpreendente.

---

250 ml/1 copo de **suco de frutas vermelhas**

2 colheres (sopa) de **açúcar**

1 pacote de **ágar-ágar** em pó

2 **pitaias**

8 **uvas verdes** sem sementes cortadas ao meio

um punhado de **frutas vermelhas** secas ou **passas** (opcional)

1 **PONHA** o suco de frutas vermelhas em uma panela e aqueça em fogo médio por 2-3 minutos. Adicione o açúcar e polvilhe com o ágar-ágar, mexendo ligeiramente por 1-2 minutos, até o açúcar e o ágar-ágar se dissolverem (não deixe a mistura ferver). Mantenha a panela em repouso por não mais que 10 minutos, pois o ágar-ágar endurece em cerca de 30 minutos em temperatura ambiente.

2 **CORTE** a pitaia ao meio e com um boleador retire cuidadosamente a polpa, guardando as cascas vazias como recipientes para servir.

3 **DISTRIBUA** a polpa da pitaia e as uvas nas metades vazias da fruta e com uma colher coloque a gelatina de frutas vermelhas por cima das frutas até encher cada metade. Deixe-a solidificar-se, em temperatura ambiente, até a hora de servir.

4 **DISTRIBUA** algumas frutas vermelhas secas por cima das frutas, se desejar, e sirva.

MUSSE DE PÊSSEGO COM AZUQUI

MOMO NO AWAYUKI-KAN TO YUDE AZUKI

RENDIMENTO: 4 PORÇÕES PREPARO: 20 MINUTOS REPOUSO: 4 HORAS
COZIMENTO: 2H10

Os japoneses gostam de frutas frescas como sobremesa, sendo a gelatina fresca uma ótima alternativa. A textura dos grãos doces de azuqui é um excelente complemento para a gelatina esponjosa deste prato.

---

150 g de **pêssegos** em calda escorridos

12 g de **folhas de gelatina** dissolvidas em água morna

5 colheres (sopa) de **açúcar**

1 colher (sopa) de **Cointreau**

ervas vermelhas ou verdes, como o **shissô**

FEIJÃO-AZUQUI:

90 g/½ copo de **feijão-azuqui** deixado de molho por 3-4 horas ou de véspera

100 g/½ copo de **açúcar**

uma pitada de **sal**

1 **COZINHE** o feijão-azuqui seguindo o passo 2 da página 170, usando 380 ml/1½ copo de água. Reserve para esfriar no líquido.

2 **BATA** os pêssegos no liquidificador até obter um purê.

3 **ESCORRA** as folhas de gelatina, coloque em uma panela com 150 ml/⅔ de copo de água e aqueça em fogo médio, mexendo até a gelatina dissolver. Junte o açúcar e continue a mexer até ele ser absorvido.

4 **PONHA** o líquido quente da gelatina em uma tigela e bata vigorosamente por 7-8 minutos, até a mistura ficar cremosa e fofa. Coloque a tigela em outra maior, cheia de água gelada, e continue a bater por mais 7-8 minutos, até ficar branca e firme. (Bater a gelatina é que torna sua textura fofa.) Junte o purê de pêssegos e o Cointreau, mexendo sempre, e continue a bater por mais 1 minuto.

5 **DISTRIBUA** a mistura em 4 fôrmas individuais (de uns 190 ml/¾ de copo) e leve à geladeira pelo menos por 4 horas, até endurecer bem.

6 **COLOQUE** as fôrmas em água quente para soltar a gelatina e vire sobre 4 pratos. Usando uma escumadeira, distribua o feijão-azuqui em volta da gelatina e sirva decorada com minúsculas ervas vermelhas ou verdes.

PERAS COM GENGIBRE EM CALDA DE AMEIXA *NASHI NO PURAMU SOHSU SOE*

RENDIMENTO: 4 PORÇÕES PREPARO: 20 MINUTOS COZIMENTO: 45 MINUTOS

Devido à bela cor arroxeada e ao gosto levemente ácido, a calda de ameixa é esplêndida e fica ainda mais deliciosa com a adição de gengibre.

---

5 cm de **gengibre** descascado ralado

2 colheres (sopa) de **açúcar**

4 **peras** (de qualquer tipo) pouco maduras descascadas

6 **ameixas** roxas

4 colheres (sopa) de **glicose de milho**

um punhado de **mirtilos**

1 **AQUEÇA** 250 ml/1 copo de água em uma panela, acrescente metade do gengibre ralado e o açúcar e deixe as peras em fogo baixo por uns 10 minutos, até ficarem cozidas, porém firmes. Coloque-as com o líquido de cozimento em uma tigela, deixando 3 colheres (sopa) do líquido na panela. Cubra as frutas e mantenha-as aquecidas.

2 **JUNTE** as ameixas ao resto do caldo na panela e apure em fogo baixo por uns 25 minutos, até ficarem bem macias. Retire do fogo e passe o líquido numa peneira fina, colocada sobre uma tigela.

3 **ABRA** as ameixas com um garfo e remova os caroços. Com o dorso de uma colher, aperte a mistura na peneira de modo a obter um purê fino. Jogue fora as cascas.

4 **ESPREMA** o gengibre restante com a mão para extrair o suco. Coloque o purê de ameixa em uma panela e junte a glicose de milho e o suco de gengibre. Aqueça ligeiramente em fogo médio, mexendo algumas vezes. Retire a panela do fogo e acrescente os mirtilos.

5 **COE** as peras, jogando fora o líquido restante. Corte as frutas ao meio, no sentido do comprimento. Arrume 2 metades em cada um dos 4 pratos e espalhe 1-2 colheres (sopa) da calda de ameixa ao lado. Sirva morna, com o resto da calda em uma vasilha à parte.

SORVETE CASEIRO COM SABOR JAPONÊS

JIKASEI AISUKURIMU WAFU FUMI SOE

RENDIMENTO: 4 PORÇÕES PREPARO: 25 MINUTOS
CONGELAMENTO: 5 HORAS COZIMENTO: 20 MINUTOS

Os dois ingredientes da cozinha japonesa, o matcha (chá verde em pó) e o ogura – nome do feijão vermelho azuqui, quando cozido com açúcar, usado na pasta de an –, são muito usados como sabores de sorvete, mas nesta receita são servidos em diferentes caldas. O sorvete de creme não é tão doce quanto o normal para compensar a doçura das caldas.

---

150 ml/⅔ de copo de **leite**

3 colheres (sopa) de **glicose de milho**

1 **ovo** batido

1 colher (chá) de **essência de baunilha**

150 ml/⅔ de copo de **creme de leite** fresco

CALDA DE MATCHA:

80 ml/⅓ de copo de **creme de leite** fresco

3 colheres (chá) de **matcha**

2 colheres (sopa) de **glicose de milho**

CALDA DE OGURA:

½ receita de **Pasta doce de azuqui** *(veja p. 170)*

3 colheres (sopa) de **glicose de milho**

1 **AQUEÇA** o leite e a glicose de milho em uma panela, em fogo médio, até ficarem mornos. Coloque o ovo batido em uma tigela grande e acrescente a mistura morna de leite, mexendo sem parar. Ponha na panela e cozinhe em fogo brando por uns 15 minutos, mexendo sempre, até o creme de gema engrossar. Peneire e misture a essência de baunilha. Retire do fogo e deixe esfriar.

2 **BATA** o creme até formar picos suaves e junte o creme de ovos. Coloque em uma vasilha refratária e congele. Mexa, com um garfo, a cada 30 minutos, até começar a congelar (umas 3 horas), e deixe no freezer por mais 2 horas.

3 **PREPARE** a calda de matcha batendo o creme até formar picos leves. Junte cuidadosamente o pó de matcha e a glicose, até obter uma calda homogênea.

4 **FAÇA** o molho de ogura misturando o doce de azuqui à glicose até ficar uniforme.

5 **COLOQUE** 2-3 bolas de sorvete em cada um dos 4 pratos. Sirva com as duas caldas à parte.

BATATA-DOCE CARAMELIZADA

DAIGAKU IMO

RENDIMENTO: 4 PORÇÕES PREPARO: 5 MINUTOS DEMOLHA: 10 MINUTOS COZIMENTO: 15 MINUTOS

A daigaku imô ("batata da universidade") leva este nome por ter sido criada para saciar a fome dos jovens de maneira fácil e barata. Tornou-se muito popular entre os estudantes universitários que moravam longe de casa. Este prato pode ser servido como um lanche doce ou sobremesa.

---

2 colheres (sopa) de **sal marinho**

3-4 **batatas-doces** (uns 700 g no total) cortadas no sentido do comprimento e fatiadas em meias-luas de 1 cm de espessura

óleo vegetal para a fritura

8 colheres (sopa) de **açúcar**

1 colher (chá) de **shoyu**

1 colher (sopa) de **gergelim preto**

1 **JUNTE** o sal a 500 ml/2 copos de água e coloque a batata-doce. Deixe por 10 minutos e escorra em papel-toalha.

2 **AQUEÇA** o óleo a 100°C em uma fritadeira elétrica ou wok. Coloque a batata e frite em fogo médio, aumentando gradualmente a chama até o fogo alto, por 5-6 minutos, até ficar dourada. Retire do óleo com uma escumadeira e escorra em papel-toalha.

3 **COLOQUE** o açúcar e o shoyu em uma panela grande com 5 colheres (sopa) de água. Aqueça em fogo médio por 5-6 minutos, mexendo sempre, até engrossar e virar um xarope. Retire do fogo e junte a batata quente frita.

4 **DISTRIBUA** a batata em 4 pratos, salpique com o gergelim e sirva quente.

PARTE 3

OS CARDÁPIOS

A princípio, o planejamento de uma típica ***refeição*** *japonesa pode parecer um desafio, mas as* ***sugestões*** *dos vários cardápios a seguir facilitarão a tarefa: desde o planejamento inicial e o cronograma até o* ***preparo*** *antecipado e os importantes toques finais. Como em qualquer culinária, o sucesso de um cardápio depende do* ***equilíbrio*** *e da variedade de ingredientes, com a mescla de sabores,* ***texturas*** *e cores encontrados em abundância nas páginas seguintes.*

No Japão, leva-se em consideração ainda a ***estação*** *e o uso da produção local, como, por exemplo, os legumes novos e os brotos de* ***bambu*** *na primavera; o tataki de bonito ou a* ***soja verde*** *no início do verão; os cogumelos, as castanhas e os* ***caquis*** *no outono e os cozidos no inverno. Pétalas ou folhas da estação são utilizadas como elementos* ***decorativos*** *de pratos ou da mesa.*

Ponha a mesa com apenas um par de hashis (palitinhos) e saboreie a ***experiência*** *de preparar e compartilhar a* ***bela*** *culinária japonesa com seus convidados.*

ALMOÇO RÁPIDO

LAMEN FRITO COM FRUTOS DO MAR

(*veja p. 166*)

MISSOSHIRU COM WAKAME E TOFU

(*veja p. 27*)

COUVE-FLOR E SOJA VERDE COM MOLHO DE WASSABI

(*veja p. 136*)

CRONOGRAMA

Os japoneses adoram consumir macarrão no almoço, e este lamen com frutos do mar tem a preferência tanto de crianças quanto de adultos. Este cardápio muito simples, porém delicioso e nutritivo, fica ainda melhor acompanhado de um saboroso missoshiru e uma bela salada.

Na véspera, ou de manhã, prepare o dashi para o missoshiru. (O dashi também pode ser preparado com bastante antecedência e congelado por até 3 meses.) Se desejar, sirva chá verde japonês para acompanhar a refeição. Se for para dois, use a metade dos ingredientes.

12.10 **PREPARE** e cozinhe a couve-flor e a soja verde e deixe a couve-flor marinando.

12.30 **SEPARE** os ingredientes para o lamen. Prepare o missoshiru e mantenha-o aquecido.

12.50 **COZINHE** o lamen. Enquanto isso, refogue os frutos do mar e os legumes e junte-os ao macarrão cozido.

13.00 **ARRUME** a couve-flor e a soja verde em uma tigela pequena e sirva com o lamen de frutos do mar e o missoshiru.

DICAS DE PREPARO

ESCOLHA uma couve-flor bem fresca, branca e firme e **SEPARE-A** em floretes iguais. **RETIRE** o missoshiru do fogo um pouco antes de levantar fervura, para evitar que perca o sabor; mantenha-o aquecido e tampado até a hora de servir. **PREPARE** com antecedência os frutos do mar para acompanhar o lamen antes de começar a cozinhar.

ALMOÇO NO TRABALHO

CARNE DE PORCO COM CABOTIÁ
(*veja p. 112*)

VAGEM COM MOLHO BRANCO (sem o molho)
(*veja p. 139*)

SALADA DE FRUTAS COM GELATINA DE GENGIBRE (sem gelatina e sem calda)
(*veja p. 174*)

ARROZ JAPONÊS SIMPLES
(*veja p. 24*)

CONSERVA NO MISSÔ
(*veja p. 30*)

CRONOGRAMA

Uma deliciosa alternativa para os tradicionais sanduíches, este bentô japonês é montado com arroz japonês, suculenta carne de porco refogada com cabotiá e pimentão vermelho, acompanhada de vagens e conserva no missô. As frutas frescas completam o cardápio.

Prepare a conserva no missô com antecedência. Na véspera, faça a carne de porco com cabotiá, deixe esfriar e leve à geladeira. Pode usar sobras de arroz do jantar, mas, caso vá preparar arroz fresco, lave e deixe-o de molho na medida certa de água, de véspera, e cozinhe pela manhã. Use ¼ dos ingredientes para a porção individual.

7.00 **COZINHE** o arroz (caso não vá usar as sobras), arrumando-o no recipiente em que vai levá-lo, e deixe esfriar antes de colocar os próximos itens ou tampar. Enquanto o arroz cozinha, prepare e cozinhe a vagem, conforme o passo 2 da receita.

7.20 **PREPARE** a maçã e o caqui. Coloque a maçã na água com sal, conforme o passo 4 da receita, para evitar que escureça. Deixe a maçã escorrer bem.

8.00 **ESCORRA** o prato de carne, para que o suco não vaze do recipiente durante o transporte; a seguir, ponha a vagem e a conserva de missô. Coloque as frutas em um recipiente separado.

DICAS DE PREPARO

ESCOLHA a carne de porco magra, de boa procedência, para o prato principal. **PREPARE** as "orelhas de coelho" na maçã para a salada de frutas com antecedência, ponha de molho na água com sal para evitar que escureça e **DEIXE** na geladeira até a hora de servir.

ALMOÇO DE SEMANA COM A FAMÍLIA

CARNE DE PORCO EMPANADA

(*veja p. 116*)

MISSOSHIRU DE ABOBÓRA COM TOFU E ERVILHA-TORTA

(*veja p. 67*)

SOJA COZIDA

(*veja p. 147*)

COUVE-CHINESA COM VÔNGOLES AO MOLHO DE MOSTARDA

(sem os vôngoles e sem o molho)

(*veja p. 152*)

ARROZ JAPONÊS SIMPLES

(*veja p. 24*)

DICAS DE PREPARO

SELECIONE filés de lombo de porco magros, de boa procedência, cortados grossos, e não **SALGUE** cedo demais, caso contrário a carne poderá endurecer.

A carne de porco dourada e crocante é servida, por tradição, com repolho picado bem fininho, que ajuda a refrescar o paladar. O simples e saudável acompanhamento de soja cozida, couve-chinesa e um belo missoshiru vermelho completa um menu atraente.

CRONOGRAMA

Na véspera, deixe a soja de molho. Prepare o caldo dashi para a sopa. De manhã, lave o arroz e deixe de molho na quantidade de água indicada até a hora do preparo. Sirva o almoço com frutas frescas e chá verde.

10.45 **RETIRE** as películas da soja deixada de molho e cozinhe-a em água fervente.

11.30 **PIQUE** todos os legumes e o tofu. Prepare a abóbora no vapor, cozinhe a ervilha-torta e deixe esfriar.

12.00 **TEMPERE** a soja e continue a cozinhá-la. Apronte a abóbora e a mistura de missô para a sopa.

12.15 **COZINHE** o arroz e mantenha-o aquecido. Enquanto isso, prepare os filés de porco e passe-os na farinha de rosca. Aqueça o óleo para fritar a carne de porco.

12.30 **JUNTE** a cenoura e o konnyaku à soja e deixe cozinhando. Frite os filés de porco e mantenha-os aquecidos até a hora de servir.

12.50 **AQUEÇA** o dashi e termine o missoshiru de abóbora. Afervente a couve-chinesa seguindo o método descrito no passo 1 da receita, escorra e mantenha quente.

13.00 **COM** uma concha, coloque a sopa e a soja em tigelas separadas. Ponha a carne de porco e os acompanhamentos nos pratos e sirva com o arroz e a couve, ao mesmo tempo.

ALMOÇO DE SEMANA COM OS AMIGOS

ROLINHOS DE FRANGO COM ASPARGOS
(*veja p. 45*)

MECA À TERIYAKI COM AIPO
(*veja p. 127*)

SALADA DE BROCÓLIS COM MOLHO SAMBAIZU DE ALICI
(*veja p. 143*)

"BOLINHOS" DE ARROZ JAPONÊS SIMPLES
(*veja p. 24*)

CONSERVA DE ACELGA
(*veja p. 29*)

PERAS COM GENGIBRE EM CALDA DE AMEIXA
(*veja p. 181*)

CRONOGRAMA

A entrada e a sobremesa podem ser feitas de véspera e o peixe é rápido de preparar, o que torna este nutritivo cardápio ideal para um almoço em um dia atarefado. Os brocólis com molho de alici são o acompanhamento ideal para o teriyaki, e as peras doces e picantes dão o toque final à refeição.

Prepare a conserva de acelga com até dois dias de antecedência. Na véspera, prepare os rolinhos de frango com aspargos até o passo 4 da receita e reserve, tampados, na geladeira. Se desejar, a sobremesa pode ser preparada na véspera e a calda de ameixa reaquecida antes de servir.

10.40 LAVE o arroz e deixe de molho na quantidade de água sugerida. Prepare todos os legumes e frutas.

11.05 AFERVENTE as peras na mistura de gengibre. Enquanto isso, misture os ingredientes da marinada teriyaki e deixe o peixe nela.

11.15 RETIRE as peras da panela com a calda, deixando 3 colheres (sopa), e coloque as ameixas para cozinhar.

11.25 FAÇA o arroz e mantenha-o aquecido. Afervente os brócolis e esfrie em seguida em água corrente fria. Prepare o molho da salada.

11.40 AMASSE as ameixas até obter um purê e reserve.

11.55 COZINHE o aipo, depois o peixe do teriyaki; mantenha-os quentes.

12.25 FRITE os rolinhos de frango, junte-os ao caldo de dashi e deixe apurar. Molde os "bolinhos" de arroz e salpique com o gergelim preto.

12.45 PREPARE o molho de mostarda e corte os rolinhos de frango em fatias. Com uma colher, regue o agrião e os brócolis com o molho e misture bem para incorporar.

13.00 ARRUME os pratos salgados em tigelas ou pratos e sirva. Use o kombu para servir a acelga.

13.30 FAÇA a calda de ameixa e acrescente os mirtilos; disponha a sobremesa nos pratos e sirva.

ALMOÇO DE FIM DE SEMANA COM A FAMÍLIA

CAVALA FRITA COM CABOTIÁ NO VAPOR

(*veja p. 50*)

SUSHI SOLTO

(*veja p. 91*)

SOPA DE LEGUMES VARIADOS

(*veja p. 71*)

PANQUECAS DORAYAKI

(*veja p. 173*)

DICAS DE PREPARO

ESCOLHA a cavala e o camarão bem frescos e peça ao peixeiro para fatiar os filés do peixe. **DEIXE** o caldo dashi pronto na geladeira ou no freezer para uso futuro.

CRONOGRAMA

Por ser muito substanciosa, basta um pouco de sopa de legumes para o almoço familiar para quatro pessoas. O sabor acentuado da cavala é complementado pela simplicidade da abóbora cabotiá no vapor. O sushi solto é um prato caseiro popular, assim como as panquecas dorayaki.

Na véspera, prepare a Pasta doce de azuqui para as panquecas e leve à geladeira. Faça também a omelete fina para o sushi misto. Deixe o dashi pronto para a sopa. Sirva este almoço acompanhado de chá japonês.

10.15 **LAVE** o arroz e deixe de molho na quantidade de água sugerida. Hidrate o shitake para o sushi e para a sopa. Apronte os outros ingredientes para o sushi e para a sopa.

10.45 **COZINHE** a abóbora e todos os legumes para o sushi.

11.15 **MISTURE** a marinada e deixe a cavala de molho. Cozinhe o camarão do sushi.

11.45 **COZINHE** o arroz. Enquanto isso, faça a massa da panqueca.

12.15 **PREPARE** o arroz para o sushi, organize os ingredientes que serão usados nele e deixe-os cobertos com um pano de prato limpo e seco.

12.30 **APRONTE** a sopa e mantenha-a aquecida.

12.45 **EMPANE** o peixe na farinha e frite aos poucos.

13.00 **ARRUME** o peixe e a abóbora nos pratos e sirva com o sushi e a sopa.

13.25 **PREPARE** e arrume as panquecas, junte a hortelã e sirva assim que esfriarem.

ALMOÇO DE FIM DE SEMANA COM OS AMIGOS

TEMAKI

(*veja p. 83*)

CARNE COM MOLHO DE MISSÔ E GERGELIM

(*veja p. 104*)

SOPA CLARA COM SOMEN E VÔNGOLES

(*veja p. 75*)

SALADA DE FRUTAS COM GELATINA DE GENGIBRE

(*veja p. 174*)

DICAS DE PREPARO

A carne deve ser de BOA QUALIDADE. Tire-a da geladeira no mínimo com 30 minutos de antecedência para proporcionar um cozimento uniforme. PREPARE a berinjela e a maçã instantes antes do cozimento ou na hora de servir, pois assim que forem descascadas e cortadas começarão a escurecer.

CRONOGRAMA

O temaki, de fácil preparo, é um prato perfeito para um almoço com amigos, que se divertem enrolando-os. O sabor acentuado da carne é proporcionado pelo molho com gergelim, seguido pela sopa suave e uma refrescante salada de frutas.

A gelatina de gengibre solidifica-se rapidamente, mas pode ser preparada de véspera, sobrando mais tempo para providenciar o resto do almoço. Assim que tiver um tempo pela manhã, lave o arroz e deixe de molho na quantidade necessária de água, até a hora do cozimento. Corte os ingredientes da receita de sushi pela metade caso o almoço seja para quatro pessoas.

11.00 PREPARE a gelatina de gengibre e deixe-a firmar-se, caso não a tenha preparado de véspera. Faça o molho de missô para a carne.

11.20 APRONTE todos os legumes do prato de carne, exceto a berinjela.

11.35 FAÇA o caldo de kombu e saquê para a sopa e deixe na panela. Cozinhe o arroz do sushi.

11.55 ESCOVE bem o vôngole, cozinhe o somen para a sopa e passe-o em bastante água fria corrente.

12.05 PREPARE a calda e todas as frutas da salada de frutas, exceto a maçã. Tampe e leve à geladeira.

12.25 TEMPERE o arroz do sushi e coloque em uma tigela. Organize todos os outros ingredientes do temaki em travessas.

12.50 COMPLETE a sopa e mantenha-a aquecida, mas não ponha o somen.

13.00 SIRVA o prato com o arroz, o nori e a alface para o temaki.

13.25 FAÇA a berinjela. Frite os filés e os legumes e sirva com o molho de missô e gergelim. Com uma concha, coloque a sopa sobre o somen e sirva.

14.15 PREPARE a maçã e a gelatina, monte a salada de frutas e sirva.

JANTAR RÁPIDO

TOFU FRITO COM MOLHO DE DASHI

(*veja p. 65*)

CARNE DE PORCO AO GENGIBRE COM SALADA DE RÚCULA

(*veja p. 115*)

MISSOSHIRU DE ABACATE COM TOMATE E NABO

(*veja p. 68*)

ARROZ JAPONÊS SIMPLES

(*veja p. 24*)

CONSERVA EM FARELO DE ARROZ

(*veja p. 30*)

DICAS DE PREPARO

O **ABACATE** deve ser manuseado rapidamente, pois sua bela cor verde--amarelada escurece rapidamente se for descascado com antecedência. Se não tiver tempo de preparar a conserva, **USE** picles de pepino e de cebola.

O tofu frito servido com molho de dashi e a carne de porco simples demonstram a diversidade da típica cozinha caseira japonesa. O missoshiru de abacate foi incluído por seu sabor e cor originais. Sirva com a conserva em farelo de arroz e arroz simples.

CRONOGRAMA

No caso do preparo da conserva desde o primeiro passo, comece com seis dias de antecedência. Na véspera, deixe o kombu de molho para o dashi. Congele os filés de porco na véspera e deixe descongelar ligeiramente pela manhã para facilitar o corte da carne em fatias finas. Lave o arroz e deixe de molho até a hora do preparo.

17.30 **FATIE** a carne de porco e espalhe em uma travessa.

17.40 **APRONTE** o dashi para acompanhar o tofu e para o missoshiru.

18.00 **PREPARE** os legumes e rale o gengibre tanto para o tofu quanto para a carne de porco. Monte e tempere a salada.

18.20 **COZINHE** o arroz e deixe-o tampado. Enquanto o arroz cozinha, pressione o tofu com cuidado para retirar o excesso de líquido.

18.45 **MISTURE** todos os ingredientes da marinada e coloque a carne de porco nela.

18.55 **FAÇA** o missoshiru de abacate.

19.10 **FRITE** o tofu e apronte o molho de dashi ao mesmo tempo.

19.30 **ARRUME** o tofu e sirva com o molho de dashi.

19.45 **REFOGUE** a carne, arranje-a com a salada e sirva com o arroz, a conserva e o missoshiru de abacate.

JANTAR ROMÂNTICO

VIEIRAS AO MOLHO TARÊ COM SALADA DE PEPINO

(*veja p. 49*)

PATO AO VAPOR

(*veja p. 120*)

ASPARGOS COM MOLHO DE GERGELIM

(*veja p. 140*)

ARROZ COM CASTANHAS

(*veja p. 158*)

MUSSE DE PÊSSEGO COM AZUQUI

(*veja p. 178*)

CRONOGRAMA

O jantar se inicia pelas douradas vieiras grelhadas, seguidas de um tenro peito de pato com um caldo leve acompanhado de um delicioso arroz com castanhas e aspargos crocantes. A musse de pêssego que derrete na boca encerra o jantar, deixando um clima de romance no ar.

No dia anterior, prepare as vieiras segundo o passo 1 da receita. Quando esfriarem, leve à geladeira. Prepare a musse de pêssego e cozinhe o feijão-azuquí. Divida pela metade os ingredientes da receita caso a refeição seja para duas pessoas.

17.15 **LAVE** o arroz e deixe de molho na quantidade indicada de água até a hora de cozinhar. Prepare todos os legumes. Apronte os aspargos com o molho.

17.45 **COZINHE** as castanhas, descasque-as e corte em pedaços.

18.00 **FAÇA** o pato e deixe no caldo na panela a vapor.

18.45 **APRONTE** o arroz com castanhas e mantenha aquecido.

18.50 **PREPARE** o molho tarê e a salada para acompanhar as vieiras.

19.25 **GRELHE** as vieiras e arrume-as com a salada.

19.30 **SIRVA** as vieiras e a salada com as sementes de romã.

19.50 **PREPARE** o molho do pato. Fatie o pato e arrume nos pratos com o agrião. Sirva com o molho, o arroz com castanhas e os aspargos.

20.20 **DESENFORME** a musse de pêssego nos pratos, junte o feijão-azuqui e sirva.

DICAS DE PREPARO:

ESCOLHA vieiras frescas, grandes, de cor creme e cozinhe com (ou sem) a concha laranja. Se não encontrar castanhas frescas, **SUBSTITUA** por Arroz com ervilhas ou shimeji (*veja p. 26*).

JANTAR DE SEMANA COM A FAMÍLIA

GUIOZA FRITO

(*veja p. 37*)

SALMÃO ENSOPADO

(*veja p. 131*)

VAGEM COM MOLHO BRANCO

(*veja p. 139*)

BOLINHOS DE ARROZ COM COBERTURA DOCE DE AZUQUI

(*veja p. 170*)

CRONOGRAMA

O guioza, pastelzinho recheado com carne moída e legumes, é ideal para envolver a família inteira em uma atividade durante seu preparo. O salmão ensopado garante uma refeição nutritiva e substanciosa, e os bolinhos de arroz criam um belo efeito com a cobertura avermelhada de azuqui.

Na véspera, deixe o feijão-azuqui de molho em bastante água fria. Durante o dia, quando tiver tempo, cozinhe o arroz e prepare a pasta de azuqui para a sobremesa, deixando ambos esfriarem. Isso também pode ser feito no dia anterior.

17.15 **SEPARE** o arroz em bolinhos, envolva com a pasta de azuqui e reserve.

17.45 **APRONTE** o recheio para o guioza e siga o preparo até o passo 4.

18.10 **PREPARE** o ensopado de salmão. Enquanto o peixe está no fogo, cozinhe a vagem e faça o molho branco.

18.45 **COZINHE** o guioza.

19.00 **SIRVA** o guioza com o molho de shoyu/vinagre de arroz e o de pimenta.

19.15 **AQUEÇA** o ensopado de salmão e sirva em tigelas individuais acompanhado da vagem no molho branco.

19.45 **SIRVA** a sobremesa em pratos individuais.

DICAS DE PREPARO

ADQUIRA a massa pronta congelada para o guioza em lojas de produtos orientais. **COMECE** a fritá-lo momentos antes de servir, pois ficam mais saborosos. **SE POSSÍVEL**, use salmão pescado no mar, e não o criado em cativeiro, para obter melhor textura e sabor.

JANTAR DE SEMANA COM OS AMIGOS

CARNE TATAKI

(*veja p. 34*)

TEMPURÁ

(*veja p. 135*)

COZIDO DE LEGUMES COM FRANGO

(*veja p. 119*)

ARROZ JAPONÊS SIMPLES

(*veja p. 24*)

SORVETE CASEIRO COM SABOR JAPONÊS

(*veja p. 182*)

DICAS DE PREPARO

DEIXE a farinha de trigo para o preparo da massa do tempurá na geladeira na véspera. **PREPARE** a massa do tempurá com água bem gelada.

CRONOGRAMA

A suculenta carne tataki é o primeiro prato deste delicioso cardápio de sabores e texturas contrastantes. É seguida por tempurá crocante e legumes típicos japoneses cozidos com o frango. O arroz simples é o acompanhamento ideal, com um refrescante sorvete para arrematar.

Faça o sorvete e as caldas no dia anterior, deixe o sorvete no freezer e as caldas na geladeira. Prepare a carne tataki de véspera ou durante o dia e deixe na marinada. Durante o dia, lave o arroz e deixe de molho na quantidade de água indicada até a hora de cozinhar.

17.45 **ARRUME** todos os legumes, o gengibre e as sugestões para servir. Deixe de molho o shitake para o prato de legumes. Cozinhe os aspargos para a carne tataki e junte-os à marinada de carne.

17.15 **APRONTE** o molho para o tempurá. Prepare o camarão e deixe sobre papel-toalha na geladeira.

18.45 **FAÇA** o frango. Escorra o shitake e deixe a raiz de lótus de molho. Refogue o frango e os legumes.

19.00 **FATIE** a carne tataki, monte o prato com os aspargos e mantenha-o coberto na geladeira. Faça o molho para a carne.

19.15 **COZINHE** o arroz e mantenha-o aquecido.

19.30 **SIRVA** a carne tataki enquanto o frango e o arroz apuram; mantenha-os aquecidos.

19.45 **AQUEÇA** o óleo para a fritura e prepare a massa do tempurá. Empane o camarão e os legumes na farinha, passe na massa e frite. Reaqueça o molho do tempurá.

20.25 **SIRVA** o tempurá, os legumes cozidos com o frango e o arroz juntos. Retire o sorvete do freezer para amolecer.

20.50 **SIRVA** o sorvete nos pratinhos com os molhos.

JANTAR FESTIVO

SASHIMI DE BONITO
(*veja p. 96*)

TERRINA DE CAMARÃO COM OVO
(*veja p. 61*)

SUKIYAKI
(*veja p. 107*)

COUVE-CHINESA COM VÔNGOLES AO MOLHO DE MOSTARDA
(*veja p. 152*)

ARROZ COM SHIMEJI
(*veja p. 26*)

PITAIA COM GELATINA DE FRUTAS VERMELHAS
(*veja p. 177*)

CRONOGRAMA

O sashimi de bonito, que derrete na boca, e a maravilhosa terrina de camarão com ovo são entradas atraentes. O sukiyaki é perfeito para uma reunião informal, fácil de fazer e nutritivo, enquanto a pitaia com gelatina de frutas vermelhas dá um toque final especial à refeição.

O dia anterior deve ser reservado para o preparo da terrina de camarão com ovo e da conserva de flor de lótus. Faça o dashi. Quando tiver um tempo livre, lave o arroz e deixe de molho na quantidade de água sugerida até a hora de cozinhar. Se tiver oito convidados, dobre a quantidade de todas as receitas.

17.30 **SELE** o bonito e faça o molho. Leve-os à geladeira separados e cobertos.

18.00 **PREPARE** a pitaia com a gelatina de frutas vermelhas. Quando endurecer, leve à geladeira.

18.15 **CORTE** e prepare a carne, os legumes e o tofu do sukiyaki. Misture todos os ingredientes para o caldo do prato em uma molheira. Arrume os ingredientes do sukiyaki nos pratos.

18.45 **PREPARE** a couve-chinesa com vôngole e o molho de mostarda.

19.15 **COZINHE** o arroz com shimeji e mantenha-o aquecido.

19.30 **JUNTE** o sashimi de bonito ao molho e arrume nos pratos com o daikon. Fatie a terrina e coloque em pratinhos individuais separados; sirva os dois pratos ao mesmo tempo.

20.00 **COLOQUE** o fogareiro portátil a gás ou elétrico sobre a mesa. Leve os pratos de sukiyaki, os ovos batidos e o molho à mesa. Os convidados se servem dos ingredientes e ajudam a prepará-los na hora.

20.30 **SIRVA** o arroz com shimeji e a couve-chinesa com vôngoles enquanto preparam e consomem o sukiyaki.

21.00 **SIRVA** a pitaia com gelatina de frutas vermelhas salpicada com um pouco de frutas vermelhas secas ou uvas-passas.

COQUETEL

ESPETINHO DE FRANGO
(*veja p. 38*)

TRÊS PASTAS COM LEGUMES FRESCOS
(*veja p. 62*)

HOSSOMAKI
(*veja p. 79*)

SUSHI DE POSTAS DE CAVALA
(*veja p. 88*)

ROLINHO CALIFÓRNIA
(*veja p. 84*)

BATATA-DOCE CARAMELIZADA
(*veja p. 185*)

CRONOGRAMA

Estes petiscos deliciosos incluem os já consagrados espetinhos grelhados de frango, seguidos de legumes frescos com pastas japonesas, uma seleção de sushis e, finalmente, a batata-doce caramelizada.

Na véspera, corte o frango e os legumes para os espetinhos e reserve-os separados e cobertos na geladeira. Salgue as postas de cavala e deixe marinar em vinagre. Escorra e reserve, cobertas, na geladeira. Faça o molho tarê. Durante o dia, lave o arroz e deixe de molho na quantidade indicada de água até a hora do preparo. Essas quantidades serão suficientes para oito a dez convidados, com exceção do frango, que deverá ter sua quantidade de ingredientes dobrada.

15.00 **PREPARE** todos os legumes, com exceção do abacate. Cozinhe a abóbora cabotiá no vapor para o molho de legumes. Deixe os espetinhos de bambu de molho para o frango.

15.30 **FAÇA** o arroz, em seguida prepare o arroz do sushi e deixe esfriar.

16.00 **CORTE** o salmão defumado e faça os hossomakis. Reserve-os sem cortar, cobertos com um pano de prato limpo e seco.

17.00 **PREPARE** o rolinho de postas de cavala e reserve, sem cortar, envolto em filme de PVC.

17.30 **APRONTE** o abacate e, em seguida, os rolinhos Califórnia e reserve, sem cortar, em filme de PVC.

18.00 **COLOQUE** o frango e os legumes nos espetinhos e reserve.

18.10 **FAÇA** as três pastas e arrume os legumes em travessas.

19.00 **PREAQUEÇA** o forno em temperatura média. Corte o sushi de cavala e arrume em uma travessa com wassabi, gengibre em conserva e shoyu.

19.20 **GRELHE** os espetinhos de frango e legumes. Enquanto isso, frite a batata-doce, escorra e reserve.

19.40 **SIRVA** os espetinhos com os legumes frescos e respectivas pastas e os vários sushis. Prepare o caramelo, envolva nele a batata-doce e sirva-a salpicada com um pouco de gergelim.

ÍNDICE

J

K

L

M

N

O

T

U

V

W

Y